Katleen Lohrmann/ KreutLin naturbewusst
Vitamine & Nährstoffe:
Dein Lebensmittel-Guide

AF222379

Vitamine & Nährstoffe: Dein Lebensmittel-Guide

Katleen Lohrmann/ KreutLin naturbewusst

Bibliografische Information der Deutschen Nationalbibliothek:
Die Deutsche Nationalbibliothek verzeichnet diese Publikation in der Deutschen Nationalbibliografie; detaillierte bibliografische Daten sind im Internet über http://dnb.dnb.de abrufbar.

Lektorat: Katleen Lohrmann

Verlag: BoD · Books on Demand GmbH, Überseering 33, 22297 Hamburg, bod@bod.de

Druck: Libri Plureos GmbH, Friedensallee 273, 22763 Hamburg
ISBN: 978-3-8192-0770-9

Inhaltsverzeichnis

Vorwort: Nährstoffe auf einen Blick

Gesunde Ernährung ist ein Schlüssel zu Wohlbefinden und Vitalität. Doch welche Vitamine und Mineralstoffe stecken eigentlich in unseren Lebensmitteln? Dieses Buch bietet eine schnelle und einfache Übersicht, damit du auf einen Blick erkennen kannst, welche Nährstoffe du mit Gemüse, Obst, Küchenkräutern, Nüssen, Samen, Hülsenfrüchten und so weiter zu dir nimmst.

Die Tabellen sind nach Lebensmittelgruppen geordnet und zeigen dir für jedes einzelne Lebensmittel die wichtigsten Vitamine und Mineralstoffe. So kannst du gezielt nachschlagen, wenn du wissen möchtest, welche Nährstoffe in deinem Essen stecken. Ob beim Einkaufen, Kochen oder Planen einer ausgewogenen Ernährung.

Ganz ohne lange Erklärungen, sondern direkt, übersichtlich und auf den Punkt gebracht. Denn gesunde Ernährung sollte nicht kompliziert sein.

Die Werte stammen aus dem Bundeslebensmittelschlüssel (BLS) und repräsentieren Durchschnittswerte.

Ich bitte zu beachten, dass die Werte zu je 100 g des jeweiligen Lebensmittels ausgewiesen sind und natürlichen Schwankungen unterliegen können.

1 Gemüse

1.1 Karotte

Vitamine

Vitamin A (Beta-Carotin):	**835,0 µg**
Vitamin B1 (Thiamin):	0,01 mg
Vitamin B2 (Riboflavin):	0,05 mg
Vitamin B3 (Niacin):	0,9 mg
Vitamin B5 (Pantothensäure):	0,3 mg
Vitamin B6 (Pyridoxin):	0,1 mg
Vitamin B7 (Biotin):	0,5 µg
Vitamin B9 (Folat):	**27,0 µg**
Vitamin K1 (Phyllochinon):	**13,2 µg**
Vitamin C:	5,9 mg
Vitamin E:	0,66 mg

Mineralstoffe & Spurenelemente

Kalzium:	**320 mg**
Kalium:	**320 mg**
Magnesium:	**12 mg**
Phosphor:	**31 mg**
Zink:	0,3 mg
Eisen:	0,4 mg
Selen:	0,1-0,4 µg
Silicium (Kieselsäure):	2,1 mg
Jod:	3 µg
Kupfer:	0,08 mg
Fett:	0,2 g
Eiweiß:	0,9 g
Ballaststoffe:	2,9 g
Omega-3-Fettsäuren:	10 mg

Sekundäre Pflanzen- bzw. Inhaltsstoffe

Carotinoide (v. a. Beta-Carotin):
- Vorstufe von Vitamin A (wirkt antioxidativ)

Polyacetylene (z. B. Falcarinol):
- Können antikanzerogene Eigenschaften haben.

1.2 Spinat

Vitamine

Vitamin A (Beta-Carotin):	**4.690 µg**
Vitamin B1 (Thiamin):	0,1 mg
Vitamin B2 (Riboflavin):	0,19 mg
Vitamin B3 (Niacin):	0,6 mg
Vitamin B5 (Pantothensäure):	0,3 mg
Vitamin B6 (Pyridoxin):	0,2 mg
Vitamin B7 (Biotin):	2,5 µg
Vitamin B9 (Folat):	**145 µg**
Vitamin K1 (Phyllochinon):	**483 µg**
Vitamin C:	**50 mg**
Vitamin E:	2,03 mg

Mineralstoffe & Spurenelemente

Kalzium:	**115 mg**
Kalium:	**558 mg**
Magnesium:	**60 mg**
Phosphor:	**49 mg**
Zink:	0,5 mg
Eisen:	3,8 mg
Selen:	0,9-1,1 µg
Silicium (Kieselsäure):	4,3 mg
Jod:	**12,0 µg**
Kupfer:	0,13 mg
Fett:	0,4 g
Eiweiß:	2,9 g
Ballaststoffe:	2,2 g
Omega-3-Fettsäuren:	0,14 g

Sekundäre Pflanzen- bzw. Inhaltsstoffe

Carotinoide (Lutein, Zeaxanthin):
- Wichtig für die Augengesundheit.

Flavonoide:
- Antioxidativ und entzündungshemmend.

Saponine:
- Können cholesterinsenkend wirken.

1.3 Brokkoli

Vitamine

Vitamin A (Beta-Carotin):	**800 µg**
Vitamin B1 (Thiamin):	0,07 mg
Vitamin B2 (Riboflavin):	0,11 mg
Vitamin B3 (Niacin):	0,9 mg
Vitamin B5 (Pantothensäure):	0,6 mg
Vitamin B6 (Pyridoxin):	0,2 mg
Vitamin B7 (Biotin):	1,5 µg
Vitamin B9 (Folat):	**111 µg**
Vitamin K1 (Phyllochinon):	**101,6 µg**
Vitamin C:	**89,2 mg**
Vitamin E:	1,5 mg

Mineralstoffe & Spurenelemente

Kalzium:	**47 mg**
Kalium:	**295 mg**
Magnesium:	**21 mg**
Phosphor:	**66 mg**
Zink:	0,4 mg
Eisen:	0,73 mg
Selen:	0,6-0,9 µg
Silicium (Kieselsäure):	1,8 mg
Jod:	**15,0 µg**
Kupfer:	0,06 mg
Fett:	0,2 g
Eiweiß:	3,0 g
Ballaststoffe:	3,0 g
Omega-3-Fettsäuren:	0,02 g

Sekundäre Pflanzen- bzw. Inhaltsstoffe

Glucosinolate (z. B. Sulforaphan):
- Unterstützen die Entgiftung und haben antikarzinogene Effekte.

Flavonoide:
- Antioxidativ.Carotinoide: Beta-Carotin, Lutein.

1.4 Tomate

Vitamine

Vitamin A (Beta-Carotin):	**42 µg**
Vitamin B1 (Thiamin):	0,06 mg
Vitamin B2 (Riboflavin):	0,04 mg
Vitamin B3 (Niacin):	0,9 mg
Vitamin B5 (Pantothensäure):	0,2 mg
Vitamin B6 (Pyridoxin):	0,1 mg
Vitamin B7 (Biotin):	1,0 µg
Vitamin B9 (Folat):	**35 µg**
Vitamin K1 (Phyllochinon):	7,9 µg
Vitamin C:	**13,7 mg**
Vitamin E:	0,88 mg

Mineralstoffe & Spurenelemente

Kalzium:	**10 mg**
Kalium:	**237 mg**
Magnesium:	**11 mg**
Phosphor:	**24 mg**
Zink:	0,2 mg
Eisen:	0,05 mg
Selen:	0,4-0,9 µg
Silicium (Kieselsäure):	1,5 mg
Jod:	1,0 µg
Kupfer:	0,06 mg
Fett:	0,2 g
Eiweiß:	0,9 g
Ballaststoffe:	1,2 g
Omega-3-Fettsäuren:	0,01 g

Sekundäre Pflanzen- bzw. Inhaltsstoffe

Carotinoide (v. a. Lycopin):
- Stark antioxidativ, unterstützt die Herzgesundheit.

Flavonoide:
- Quercetin, Kaempferol.

1.5 Paprika (rot)

Vitamine

Vitamin A (Beta-Carotin):	**208 µg**
Vitamin B1 (Thiamin):	0,05 mg
Vitamin B2 (Riboflavin):	0,06 mg
Vitamin B3 (Niacin):	0,3 mg
Vitamin B5 (Pantothensäure):	1,0 mg
Vitamin B6 (Pyridoxin):	0,32 mg
Vitamin B7 (Biotin):	1,2 µg
Vitamin B9 (Folat):	**51 µg**
Vitamin C:	**127,7 mg**
Vitamin E:	1,58 mg

Mineralstoffe & Spurenelemente

Kalzium:	**7 mg**
Kalium:	**255 mg**
Magnesium:	**12 mg**
Phosphor:	**26 mg**
Zink:	0,3 mg
Eisen:	0,5 mg
Selen:	0,1-0,5 µg
Silicium (Kieselsäure):	1,7 mg
Jod:	2,0 µg
Kupfer:	0,10 mg
Fett:	0,3 g
Eiweiß:	1,0 g
Ballaststoffe:	3,1 g
Omega-3-Fettsäuren:	0,02 g

Sekundäre Pflanzen- bzw. Inhaltsstoffe

Carotinoide (Beta-Carotin, Capsanthin):
- Antioxidativ

Flavonoide:
- Quercetin, Luteolin

Capsaicinoide:
- Verantwortlich für die Schärfe (in scharfen Sorten).

1.6 Zucchini

Vitamine

Vitamin A (Beta-Carotin):	**200 µg**
Vitamin B1 (Thiamin):	0,05 mg
Vitamin B2 (Riboflavin):	0,04 mg
Vitamin B3 (Niacin):	0,2 mg
Vitamin B5 (Pantothensäure):	0,2 mg
Vitamin B6 (Pyridoxin):	0,1 mg
Vitamin B7 (Biotin):	1,0 mg
Vitamin B9 (Folat):	**25 µg**
Vitamin K1 (Phyllochinon):	**4,3 µg**
Vitamin C:	**17,9 mg**
Vitamin E:	0,29

Mineralstoffe & Spurenelemente

Kalzium:	**16 mg**
Kalium:	**230 mg**
Magnesium:	**18 mg**
Phosphor:	**32 mg**
Zink:	0,3 mg
Eisen:	0,4 mg
Selen:	0,2-0,5 µg
Silicium (Kieselsäure):	1,1 mg
Jod:	1,0 µg
Kupfer:	0,05 mg
Fett:	0,3 g
Eiweiß:	1,2 g
Ballaststoffe:	3,1 g
Omega-3-Fettsäuren:	0,02 g

Sekundäre Pflanzen- bzw. Inhaltsstoffe

Carotinoide (Lutein, Zeaxanthin):
- Fördern die Augengesundheit.

Flavonoide:
- Antioxidativ.

1.7 Gurke

Vitamine

Vitamin A (Beta-Carotin):	**105 µg**
Vitamin B1 (Thiamin):	0,02 mg
Vitamin B2 (Riboflavin):	0,03 mg
Vitamin B3 (Niacin):	0,2 mg
Vitamin B5 (Pantothensäure):	0,2 mg
Vitamin B6 (Pyridoxin):	0,1 mg
Vitamin B7 (Biotin):	0,9 µg
Vitamin B9 (Folat):	**10 µg**
Vitamin K1 (Phyllochinon):	16,4 µg
Vitamin C:	2,8 mg
Vitamin E:	0,10 mg

Mineralstoffe & Spurenelemente

Kalzium:	**150 mg**
Kalium:	**16 mg**
Magnesium:	**13 mg**
Phosphor:	**24 mg**
Zink:	0,2 mg
Eisen:	0,20 mg
Selen:	0,1-0,3 µg
Silicium (Kieselsäure):	1,2 mg
Jod:	2,0 µg
Kupfer:	0,04 mg
Fett:	0,1 g
Eiweiß:	0,7 g
Ballaststoffe:	0,5 g
Omega-3-Fettsäuren:	0,01 g

Sekundäre Pflanzen- bzw. Inhaltsstoffe

Lignane:
- Können hormonelle Wirkungen haben.

Flavonoide:
- Antioxidativ.

1.8 Blumenkohl

Vitamine

Vitamin A (Beta-Carotin):	**45 µg**
Vitamin B1 (Thiamin):	0,06 mg
Vitamin B2 (Riboflavin):	0,06 mg
Vitamin B3 (Niacin):	0,6 mg
Vitamin B5 (Pantothensäure):	0,5 mg
Vitamin B6 (Pyridoxin):	0,21 mg
Vitamin B7 (Biotin):	1,0 µg
Vitamin B9 (Folat):	**48 µg**
Vitamin K1 (Phyllochinon):	**15,5 µg**
Vitamin C:	**64 mg**
Vitamin E:	0,09 mg

Mineralstoffe & Spurenelemente

Kalzium:	**22 mg**
Kalium:	**300 mg**
Magnesium:	**15 mg**
Phosphor:	**44 mg**
Zink:	0,3 mg
Eisen:	0,5 mg
Selen:	0,6-0,8 µg
Silicium (Kieselsäure):	1,6 mg
Jod:	8,0 µg
Kupfer:	0,04 mg
Fett:	0,3 g
Eiweiß:	1,9 g
Ballaststoffe:	2,3 g
Omega-3-Fettsäuren:	0,01 g

Sekundäre Pflanzen- bzw. Inhaltsstoffe

Glucosinolate:
- Unterstützen die Entgiftung.

Indole:
- Können hormonelle Balance fördern.

1.9 Rosenkohl

Vitamine

Vitamin A (Beta-Carotin):	**450 µg**
Vitamin B1 (Thiamin):	0,16 mg
Vitamin B2 (Riboflavin):	0,09 mg
Vitamin B3 (Niacin):	1,5 mg
Vitamin B5 (Pantothensäure):	0,5 mg
Vitamin B6 (Pyridoxin):	0,3 mg
Vitamin B7 (Biotin):	1,5 µg
Vitamin B9 (Folat):	93 µg
Vitamin K1 (Phyllochinon):	**177 µg**
Vitamin C:	**85 mg**
Vitamin E:	0,90

Mineralstoffe & Spurenelemente

Kalzium:	**42 mg**
Kalium:	**450 mg**
Magnesium:	**23 mg**
Phosphor:	**67 mg**
Zink:	0,4 mg
Eisen:	1,3 mg
Selen:	0,6-1,0 µg
Silicium (Kieselsäure):	1,6 mg
Jod:	8,0 µg
Kupfer:	0,08 mg
Fett:	**0,5 g**
Eiweiß:	**4,0 g**
Ballaststoffe:	**2,3 g**
Omega-3-Fettsäuren:	**0,01 g**

Sekundäre Pflanzen- bzw. Inhaltsstoffe

Glucosinolate:
- Antikarzinogen.

Flavonoide:
- Antioxidativ.

1.10 Grünkohl

Vitamine

Vitamin A (Beta-Carotin):	**817 µg**
Vitamin B1 (Thiamin):	0,14 mg
Vitamin B2 (Riboflavin):	0,2 mg
Vitamin B3 (Niacin):	1,2 mg
Vitamin B5 (Pantothensäure):	0,3 mg
Vitamin B6 (Pyridoxin):	0,3 mg
Vitamin B7 (Biotin):	2,0 µg
Vitamin B9 (Folat):	**187 µg**
Vitamin K1 (Phyllochinon):	**817 µg**
Vitamin C:	**120 mg**
Vitamin E:	0,80 mg

Mineralstoffe & Spurenelemente

Kalzium:	**150 mg**
Kalium:	**490 mg**
Magnesium:	**47 mg**
Phosphor:	**51 mg**
Zink:	0,6 mg
Eisen:	1,9 mg
Selen:	0,9-1,1 µg
Silicium (Kieselsäure):	5,2 mg
Jod:	**20,0 µg**
Kupfer:	0,15 mg
Fett:	**1,5 g**
Eiweiß:	**4,3 g**
Ballaststoffe:	**4,2 g**
Omega-3-Fettsäuren:	**0,12 g**

Sekundäre Pflanzen- bzw. Inhaltsstoffe

Carotinoide (Lutein, Beta-Carotin):
- Antioxidativ. Glucosinolate:
Entgiftungsfördernd.
- Flavonoide: Quercetin, Kaempferol.

1.11 Rote Bete

Vitamine

Vitamin A (Beta-Carotin):	8 µg
Vitamin B1 (Thiamin):	0,02 mg
Vitamin B2 (Riboflavin):	0,04 mg
Vitamin B3 (Niacin):	0,3 mg
Vitamin B5 (Pantothensäure):	0,2 mg
Vitamin B6 (Pyridoxin):	0,1 mg
Vitamin B7 (Biotin):	0,9 µg
Vitamin B9 (Folat):	**80 µg**
Vitamin K1 (Phyllochinon):	0,2 µg
Vitamin C:	4,9 mg
Vitamin E:	0,04 mg

Mineralstoffe & Spurenelemente

Kalzium:	**16 mg**
Kalium:	**325 mg**
Magnesium:	**23 mg**
Phosphor:	**40 mg**
Zink:	0,3 mg
Eisen:	0,8 mg
Selen:	0,2-0,5 µg
Silicium (Kieselsäure):	1,9 mg
Jod:	7,0 µg
Kupfer:	0,08 mg
Fett:	**0,1 g**
Eiweiß:	**1,5 g**
Ballaststoffe:	**2,5 g**
Omega-3-Fettsäuren:	**0,01 g**

Sekundäre Pflanzen- bzw. Inhaltsstoffe

Betalaine:
- Stark antioxidativ, verleihen die rote Farbe.

Nitrate:
- Können blutdrucksenkend wirken.

1.12 Kürbis

Vitamine

Vitamin A (Beta-Carotin):	**369 µg**
Vitamin B1 (Thiamin):	0,03 mg
Vitamin B2 (Riboflavin):	0,04 mg
Vitamin B3 (Niacin):	0,5 mg
Vitamin B5 (Pantothensäure):	0,3 mg
Vitamin B6 (Pyridoxin):	0,1 mg
Vitamin B7 (Biotin):	1,0 µg
Vitamin B9 (Folat):	**28 µg**
Vitamin C:	9 mg
Vitamin E:	1,06 mg

Mineralstoffe & Spurenelemente

Kalzium:	**21 mg**
Kalium:	**340 mg**
Magnesium:	**12 mg**
Phosphor:	**28 mg**
Zink:	0,3 mg
Eisen:	0,8 mg
Selen:	0,2-0,4 µg
Silicium (Kieselsäure):	1,3 mg
Jod:	1,0 µg
Kupfer:	0,06 mg
Fett:	**0,1 g**
Eiweiß:	**1,0 g**
Ballaststoffe:	**1,1 g**
Omega-3-Fettsäuren:	**0,01 g**

Sekundäre Pflanzen- bzw. Inhaltsstoffe

Carotinoide (Beta-Carotin, Lutein):
- Antioxidativ.

Flavonoide:
- Antioxidativ.

1.13 Aubergine

Vitamine

Vitamin A (Beta-Carotin):	**27 µg**
Vitamin B1 (Thiamin):	0,04 mg
Vitamin B2 (Riboflavin):	0,04 mg
Vitamin B3 (Niacin):	0,6 mg
Vitamin B5 (Pantothensäure):	0,3 mg
Vitamin B6 (Pyridoxin):	0,1 mg
Vitamin B7 (Biotin):	1,1 µg
Vitamin B9 (Folat):	**22 µg**
Vitamin K1 (Phyllochinon):	3,5 µg
Vitamin C:	2,2 mg
Vitamin E:	0,30

Mineralstoffe & Spurenelemente

Kalzium:	9 mg
Kalium:	**240 mg**
Magnesium:	**14 mg**
Phosphor:	**15 mg**
Zink:	0,2 mg
Eisen:	0,3 mg
Selen:	0,1-0,3 µg
Silicium (Kieselsäure):	1,2 mg
Jod:	2,0 µg
Kupfer:	0,08 mg
Fett:	**0,2 g**
Eiweiß:	**1,0 g**
Ballaststoffe:	**2,5 g**
Omega-3-Fettsäuren:	**0,01 g**

Sekundäre Pflanzen- bzw. Inhaltsstoffe

Anthocyane (v. a. Nasunin in der Schale):
- Antioxidativ, schützen Zellmembranen

Chlorogensäure:
- Antioxidativ

1.14 Fenchel

Vitamine

Vitamin A (Beta-Carotin):	**1.170 µg**
Vitamin B1 (Thiamin):	0,01 mg
Vitamin B2 (Riboflavin):	0,03 mg
Vitamin B3 (Niacin):	0,7 mg
Vitamin B5 (Pantothensäure):	0,4 mg
Vitamin B6 (Pyridoxin):	0,2 mg
Vitamin B7 (Biotin):	1,4 µg
Vitamin B9 (Folat):	**90 µg**
Vitamin K1 (Phyllochinon):	**62,8 µg**
Vitamin C:	12 mg
Vitamin E:	0,58 mg

Mineralstoffe & Spurenelemente

Kalzium:	**49 mg**
Kalium:	**430 mg**
Magnesium:	**17 mg**
Phosphor:	**50 mg**
Zink:	0,3 mg
Eisen:	0,73 mg
Selen:	0,7-1,0 µg
Silicium (Kieselsäure):	2,0 mg
Jod:	4,0 µg
Kupfer:	0,07 mg
Fett:	**0,2 g**
Eiweiß:	**1,2 g**
Ballaststoffe:	**3,1 g**
Omega-3-Fettsäuren:	**0,01 g**

Sekundäre Pflanzen- bzw. Inhaltsstoffe

Phenolische Verbindungen (Anethol, Fenchon):
- Verdauungsfördernd, krampflösend.

Flavonoide:
- Antioxidativ.

1.15 Sellerie

Vitamine

Vitamin A (Beta-Carotin):	9 µg
Vitamin B1 (Thiamin):	0,05 mg
Vitamin B2 (Riboflavin):	0,06 mg
Vitamin B3 (Niacin):	0,5 mg
Vitamin B5 (Pantothensäure):	0,4 mg
Vitamin B6 (Pyridoxin):	0,2 mg
Vitamin B7 (Biotin):	1,2 µg
Vitamin B9 (Folat):	**40 µg**
Vitamin K1 (Phyllochinon):	29,3 µg
Vitamin C:	3,1 mg
Vitamin E:	0,34 mg

Mineralstoffe & Spurenelemente

Kalzium:	**40 mg**
Kalium:	**344 mg**
Magnesium:	**11 mg**
Phosphor:	**53 mg**
Zink:	0,3 mg
Eisen:	0,5 mg
Selen:	0,4-0,6 µg
Silicium (Kieselsäure):	1,7 mg
Jod:	4,0 µg
Kupfer:	0,07 mg
Fett:	**0,2 g**
Eiweiß:	**1,0 g**
Ballaststoffe:	**1,8 g**
Omega-3-Fettsäuren:	**0,01 g**

Sekundäre Pflanzen- bzw. Inhaltsstoffe

Phthalide:
- Können blutdrucksenkend wirken.

Flavonoide:
- Antioxidativ.

1.16 Lauch (Porree)

Vitamine

Vitamin A (Beta-Carotin):	**83 µg**
Vitamin B1 (Thiamin):	0,14 mg
Vitamin B2 (Riboflavin):	0,08 mg
Vitamin B3 (Niacin):	0,6 mg
Vitamin B5 (Pantothensäure):	0,3 mg
Vitamin B6 (Pyridoxin):	0,3 mg
Vitamin B7 (Biotin):	1,1 µg
Vitamin B9 (Folat):	**63 µg**
Vitamin K1 (Phyllochinon):	**47 µg**
Vitamin C:	12 mg
Vitamin E:	0,92 mg

Mineralstoffe & Spurenelemente

Kalzium:	**59 mg**
Kalium:	**334 mg**
Magnesium:	**28 mg**
Phosphor:	**35 mg**
Zink:	0,4 mg
Eisen:	1,2 mg
Selen:	0,3-0,5 µg
Silicium (Kieselsäure):	2,2 mg
Jod:	**10,0 µg**
Kupfer:	0,12 mg
Fett:	**0,3 g**
Eiweiß:	**2,0 g**
Ballaststoffe:	**2,2 g**
Omega-3-Fettsäuren:	**0,02 g**

Sekundäre Pflanzen- bzw. Inhaltsstoffe

Flavonoide (Kaempferol):
- Antioxidativ.

Schwefelverbindungen:
- Antimikrobiell.

1.17 Zwiebel

Vitamine

Vitamin A (Beta-Carotin):	3 µg
Vitamin B1 (Thiamin):	0,03 mg
Vitamin B2 (Riboflavin):	0,02 mg
Vitamin B3 (Niacin):	0,2 mg
Vitamin B5 (Pantothensäure):	0,1 mg
Vitamin B6 (Pyridoxin):	0,12 mg
Vitamin B7 (Biotin):	1,0 µg
Vitamin B9 (Folat):	**20 µg**
Vitamin K1 (Phyllochinon):	0,4 µg
Vitamin C:	7,4 mg
Vitamin E:	0,02 mg

Mineralstoffe & Spurenelemente

Kalzium:	**23 mg**
Kalium:	**146 mg**
Magnesium:	**10 mg**
Phosphor:	**29 mg**
Zink:	0,2 mg
Eisen:	0,21 mg
Selen:	0,2-0,5 µg
Silicium (Kieselsäure):	1,4 mg
Jod:	2,0 µg
Kupfer:	0,08 mg
Fett:	**0,1 g**
Eiweiß:	**1,1 g**
Ballaststoffe:	**1,9 g**
Omega-3-Fettsäuren:	**0,01 g**

Sekundäre Pflanzen- bzw. Inhaltsstoffe

Flavonoide (v. a. Quercetin):
- Antioxidativ, entzündungshemmend.

Schwefelverbindungen (Alliin):
- Antimikrobiell.

1.18 Knoblauch

Vitamine

Vitamin A (Beta-Carotin):	2 µg
Vitamin B1 (Thiamin):	0,21 mg
Vitamin B2 (Riboflavin):	0,08 mg
Vitamin B3 (Niacin):	0,7 mg
Vitamin B5 (Pantothensäure):	0,7 mg
Vitamin B6 (Pyridoxin):	0,38 mg
Vitamin B7 (Biotin):	2 µg
Vitamin B9 (Folat):	**34 µg**
Vitamin C:	**14 mg**
Vitamin E:	0,08 mg

Mineralstoffe & Spurenelemente

Kalzium:	**38 mg**
Kalium:	**529 mg**
Magnesium:	**35 mg**
Phosphor:	**153 mg**
Zink:	1,2 mg
Eisen:	1,7 mg
Selen:	0,6-1,0 µg
Silicium (Kieselsäure):	2,0 mg
Jod:	1,0 µg
Kupfer:	0,10 mg
Fett:	**0,5 g**
Eiweiß:	**6,4 g**
Ballaststoffe:	**2,1 g**
Omega-3-Fettsäuren:	**0,03 g**

Sekundäre Pflanzen- bzw. Inhaltsstoffe

Schwefelverbindungen (v. a. Allicin):
- Antibakteriell, cholesterinsenkend.

Flavonoide:
- Antioxidativ.

1.19 Kohlrabi

Vitamine

Vitamin A (Beta-Carotin):	**30 µg**
Vitamin B1 (Thiamin):	0,04 mg
Vitamin B2 (Riboflavin):	0,06 mg
Vitamin B3 (Niacin):	0,6 mg
Vitamin B5 (Pantothensäure):	0,3 mg
Vitamin B6 (Pyridoxin):	0,2 mg
Vitamin B7 (Biotin):	1,2 µg
Vitamin B9 (Folat):	**40 µg**
Vitamin C:	**63–65 mg**
Vitamin E:	0,40

Mineralstoffe & Spurenelemente

Kalzium:	**68-70 mg**
Kalium:	**320 mg**
Magnesium:	**43-45 mg**
Phosphor:	**44 mg**
Zink:	0,4 mg
Eisen:	0,4 mg
Selen:	0,3-0,6 µg
Silicium (Kieselsäure):	1,6 mg
Jod:	5,0 µg
Kupfer:	0,07 mg
Fett:	**0,1 g**
Eiweiß:	**1,7 g**
Ballaststoffe:	**1,9 g**
Omega-3-Fettsäuren:	**0,01 g**

Sekundäre Pflanzen- bzw. Inhaltsstoffe

Glucosinolate:
- Entgiftungsfördernd.

Flavonoide:
- Antioxidativ.

1.20 Radieschen

Vitamine

Vitamin A (Beta-Carotin):	5 µg
Vitamin B1 (Thiamin):	0,02 mg
Vitamin B2 (Riboflavin):	0,02 mg
Vitamin B3 (Niacin):	0,2 mg
Vitamin B5 (Pantothensäure):	0,2 mg
Vitamin B6 (Pyridoxin):	0,1 mg
Vitamin B7 (Biotin):	0,8 µg
Vitamin B9 (Folat):	**25 µg**
Vitamin C:	**27-29 mg**
Vitamin E:	0,11 mg

Mineralstoffe & Spurenelemente

Kalzium:	**34-35 mg**
Kalium:	**233 mg**
Magnesium:	8-9 mg
Phosphor:	**26 mg**
Zink:	0,2 mg
Eisen:	0,4 mg
Selen:	0,2-0,4 µg
Silicium (Kieselsäure):	1,2 mg
Jod:	1,0 µg
Kupfer:	0,05 mg
Fett:	**0,1 g**
Eiweiß:	**1,0 g**
Ballaststoffe:	**1,6 g**
Omega-3-Fettsäuren:	**0,01 g**

Sekundäre Pflanzen- bzw. Inhaltsstoffe

Glucosinolate:
- Antimikrobiell.

1.21 Kartoffeln

Vitamine

Vitamin A (Beta-Carotin):	9 µg
Vitamin B1 (Thiamin):	0,08 mg
Vitamin B2 (Riboflavin):	0,03 mg
Vitamin B3 (Niacin):	1,1 mg
Vitamin B5 (Pantothensäure):	0,3 mg
Vitamin B6 (Pyridoxin):	0,3 mg
Vitamin B7 (Biotin):	1,5 µg
Vitamin B9 (Folat):	**17 µg**
Vitamin C:	**14,9-19,4 mg**
Vitamin E:	0,10 mg

Mineralstoffe & Spurenelemente

Kalzium:	6-8
Kalium:	**329 mg**
Magnesium:	**20-23 mg**
Phosphor:	**44 mg**
Zink:	0,4 mg
Eisen:	0,3-0,4 mg
Selen:	0,1-0,4 µg
Silicium (Kieselsäure):	1,0 mg
Jod:	4,0µg
Kupfer:	0,11 mg
Fett:	**0,1 g**
Eiweiß:	**2,0 g**
Ballaststoffe:	**2,2 g**
Omega-3-Fettsäuren:	**0,03 g**

Sekundäre Pflanzen- bzw. Inhaltsstoffe

Polyphenole (v. a. Chlorogensäure):
- antioxidativ

Glykoalkaloide (v. a. Solanin – in Schale & grünen Stellen):
- natürliches Pflanzengift, in geringen Mengen auch immunmodulierend, Carotinoide (bei gelben Sorten): z. B. Lutein, Saponine (in geringen Mengen)

1.22 Blatt-Salat

Vitamine

Vitamin A (Beta-Carotin):	**166 µg**
Vitamin B1 (Thiamin):	0,07 mg
Vitamin B2 (Riboflavin):	0,08 mg
Vitamin B3 (Niacin):	0,3 mg
Vitamin B5 (Pantothensäure):	0,2 mg
Vitamin B6 (Pyridoxin):	0,1 mg
Vitamin B7 (Biotin):	1,1 µg
Vitamin B9 (Folat):	**38 µg**
Vitamin C:	**8-13 mg**
Vitamin E:	0,18 mg

Mineralstoffe & Spurenelemente

Kalzium:	**35-37 mg**
Kalium:	**194 mg**
Magnesium:	9-11 mg
Phosphor:	**33 mg**
Zink:	0,3 mg
Eisen:	0,9 mg
Selen:	0,2-0,5 µg
Silicium (Kieselsäure):	1,5 mg
Jod:	7,0 µg
Kupfer:	0,05 mg
Fett:	**0,2 g**
Eiweiß:	**1,2 g**
Ballaststoffe:	**1,5 g**
Omega-3-Fettsäuren:	**0,02 g**

Sekundäre Pflanzen- bzw. Inhaltsstoffe

Flavonoide:
- antioxidativ

Carotinoide (Beta-Carotin, Lutein),
Phenolsäuren (z. B. Kaffeesäure)

1.23 Eisberg-Salat

Vitamine

Vitamin A (Beta-Carotin):	**93 µg**
Vitamin B1 (Thiamin):	0,04 mg
Vitamin B2 (Riboflavin):	0,03 mg
Vitamin B3 (Niacin):	0,2 mg
Vitamin B5 (Pantothensäure):	0,1 mg
Vitamin B6 (Pyridoxin):	0,1 mg
Vitamin B7 (Biotin):	0,8 µg
Vitamin B9 (Folat):	**28 µg**
Vitamin C:	**15 mg**
Vitamin E:	0,16 mg

Mineralstoffe & Spurenelemente

Kalzium:	**19 mg**
Kalium:	**141 mg**
Magnesium:	5 mg
Phosphor:	**22 mg**
Zink:	0,2 mg
Eisen:	0,3 mg
Selen:	0,2-0,4 µg
Silicium (Kieselsäure):	1,2 mg
Jod:	2,0 µg
Kupfer:	0,04 mg
Fett:	**0,1 g**
Eiweiß:	**0,9 g**
Ballaststoffe:	**1,0 g**
Omega-3-Fettsäuren:	**0,01 g**

Sekundäre Pflanzen- bzw. Inhaltsstoffe

Flavonoide:
- geringe Mengen

Carotinoide:
- vor allem Beta-Carotin

Phenolcarbonsäuren:
- leicht antioxidativ

1.24 Radicchio-Salat

Vitamine

Vitamin A (Beta-Carotin):	**280 µg**
Vitamin B1 (Thiamin):	0,05 mg
Vitamin B2 (Riboflavin):	0,03 mg
Vitamin B3 (Niacin):	0,3 mg
Vitamin B5 (Pantothensäure):	0,1 mg
Vitamin B6 (Pyridoxin):	0,1 mg
Vitamin B7 (Biotin):	1,0 µg
Vitamin B9 (Folat):	**60 µg**
Vitamin C:	**8-28 mg**
Vitamin E:	0,5–2,3 mg

Mineralstoffe & Spurenelemente

Kalzium:	**19-40 mg**
Kalium:	**220 mg**
Magnesium:	**11-13 mg**
Phosphor:	33 mg
Zink:	0,2 mg
Eisen:	2,2 mg
Selen:	0,2-0,5 µg
Silicium (Kieselsäure):	1,8 mg
Jod:	3,0 µg
Kupfer:	0,06 mg
Fett:	**0,3 g**
Eiweiß:	**1,4 g**
Ballaststoffe:	**3,0 g**
Omega-3-Fettsäuren:	**0,02 g**

Sekundäre Pflanzen- bzw. Inhaltsstoffe

Anthocyane:
- geben die rote Farbe, antioxidativ, gefäßschützend

Bitterstoffe (Sesquiterpenlactone):
- regen Verdauung & Galle an, Flavonoide

1.25 Süßkartoffeln

Vitamine

Vitamin A (Beta-Carotin):	**709 µg**
Vitamin B1 (Thiamin):	0,1 mg
Vitamin B2 (Riboflavin):	0,09 mg
Vitamin B3 (Niacin):	0,9 mg
Vitamin B5 (Pantothensäure):	0,5 mg
Vitamin B6 (Pyridoxin):	0,2 mg
Vitamin B7 (Biotin):	1,6 µg
Vitamin B9 (Folat):	**11 µg**
Vitamin K1 (Phyllochinon):	1,8 µg
Vitamin C:	2,4 mg
Vitamin E:	0,26 mg

Mineralstoffe & Spurenelemente

Kalzium:	**30 mg**
Kalium:	**337 mg**
Magnesium:	**25 mg**
Phosphor:	**47 mg**
Zink:	0,6 mg
Eisen:	0,6 mg
Selen:	0,5-0,9 µg
Silicium (Kieselsäure):	2,5 mg
Jod:	3,0 µg
Kupfer:	0,08 mg
Fett:	**0,2 g**
Eiweiß:	**1,6 g**
Ballaststoffe:	**3,3 g**
Omega-3-Fettsäuren:	**0,01 g**

Sekundäre Pflanzen- bzw. Inhaltsstoffe

- Carotinoide (v. a. Beta-Carotin – sehr hoch!)
- Phenolsäuren (Chlorogensäure)
- Flavonoide
- Anthocyane (bei violetten Sorten)

1.26 Mangold

Vitamine

Vitamin A (Beta-Carotin):	**6.000 µg**
Vitamin B1 (Thiamin):	0,04 mg
Vitamin B2 (Riboflavin):	0,09 mg
Vitamin B3 (Niacin):	0,04 mg
Vitamin B5 (Pantothensäure):	0,2 mg
Vitamin B6 (Pyridoxin):	0,1 mg
Vitamin B7 (Biotin):	1,6 µg
Vitamin B9 (Folat):	**14 µg**
Vitamin K:	**494,87 µg**
Vitamin C:	**22–39 mg**
Vitamin E:	1,89 mg

Mineralstoffe & Spurenelemente

Kalzium:	**55-103 mg**
Kalium:	**380 mg**
Magnesium:	**81-84 mg**
Phosphor:	**46 mg**
Zink:	0,4 mg
Eisen:	2,7 mg
Selen:	0,8-1,0 µg
Silicium (Kieselsäure):	3,5 mg
Jod:	**10,0 µg**
Kupfer:	0,09 mg
Fett:	**0,3 g**
Eiweiß:	**1,8 g**
Ballaststoffe:	**2,6 g**
Omega-3-Fettsäuren:	**0,04 g**

Sekundäre Pflanzen- bzw. Inhaltsstoffe

- Carotinoide (v. a. Beta-Carotin → Provitamin A)
- Chlorophyll (grüne Blattfarbe → entgiftend, antioxidativ)
- Flavonoide (z. B. Kaempferol → antioxidativ, entzündungshemmend)
- Saponine (leicht blutdrucksenkend, immunmodulierend)
- Betalaine (v. a. Betacyane bei roten Sorten): antioxidativ

- Flavonoide: z. B. Apigenin, Luteolin, Oxalsäure (in größeren Mengen)
- Carotinoide (v. a. Lutein)

1.27 Avocado (Fruchtfleisch)

Vitamine

Vitamin A (Beta-Carotin):	7 µg
Vitamin B1 (Thiamin):	0,07 mg
Vitamin B2 (Riboflavin):	0,13 mg
Vitamin B3 (Niacin):	1,0 mg
Vitamin B5 (Pantothensäure):	1,4 mg
Vitamin B6:	0,3 mg
Vitamin B7 (Biotin)	3,0 µg
Vitamin B9 (Folat):	**81 µg**
Vitamin K:	**830 µg**
Vitamin C:	**13 mg**
Vitamin D:	0 µg
Vitamin E:	2,08 mg

Mineralstoffe & Spurenelemente

Kalzium:	**13 mg**
Kalium:	**450 mg**
Magnesium:	**32 mg**
Phosphor:	**44 mg**
Zink:	0,6 mg
Eisen:	0,6 mg
Selen:	0,4-0,7 µg
Silicium (Kieselsäure):	2,0-2,5 mg
Jod:	2-3 µg
Kupfer:	0,19 mg
Fett:	**15,0 g**
Eiweiß:	2,0 g
Ballaststoffe:	6,3 g
Omega-3-Fettsäuren:	0,11-0,15 g

Sekundäre Pflanzen- bzw. Inhaltsstoffe

Lutein + Zeaxanthin (Carotinoide):

- Schützen die Augen (Makula), wirken stark antioxidativ, tragen zum Zellschutz bei.

Phytosterine (z. B. β-Sitosterin, aus der Gruppe der Phytosterole):

- Senken den LDL-Cholesterinspiegel und unterstützen die Gefäßgesundheit

Squalen (Terpenoid):

- Hat zellschützende, antioxidative und entzündungshemmende Eigenschaften

Polyphenole (phenolische Verbindungen):

- Wirken als Radikalfänger, entzündungshemmend und gefäßschützend

Tocopherole (Vitamin-E-Formen):

- Schützen die Zellmembranen, tragen zur Hautgesundheit bei und wirken antioxidativ

Glutathion (als Vorstufe):

- Ein schwefelhaltiger Stoff mit stark entgiftender Wirkung, unterstützt das Immunsystem.

Phytosterine:

- cholesterinsenkend, Carotinoide (v. a. Lutein, Zeaxanthin)

Flavonoide

Glutathion:

- antioxidatives Tripeptid

Triterpene

1.28 Weißkohl

Vitamine

Vitamin A (Beta-Carotin):	12 µg
Vitamin B1 (Thiamin):	0,04 mg
Vitamin B2 (Riboflavin):	0,04 mg
Vitamin B3 (Niacin):	0,32 mg
Vitamin B5 (Pantothensäure):	0,26 mg
Vitamin B6:	0,19 mg
Vitamin B7 (Biotin)	3,0 µg
Vitamin B9 (Folat):	**27,0 µg**
Vitamin K:	**76 µg**
Vitamin C:	**48 mg**
Vitamin D:	0 µg
Vitamin E:	1,7 mg

Mineralstoffe & Spurenelemente

Kalzium:	**45 mg**
Kalium:	**269 mg**
Magnesium:	**13 mg**
Phosphor:	**36 mg**
Zink:	0,2 mg
Eisen:	0,3 mg
Selen:	3 µg
Silicium (Kieselsäure):	1,0 mg
Jod:	3,0 µg
Kupfer:	23 mg
Fett:	**0,2 g**
Eiweiß:	1,4 g
Ballaststoffe:	3,0 g
Omega-3-Fettsäuren:	0,05 g

Sekundäre Pflanzen- bzw. Inhaltsstoffe

Glucosinolate

Flavonoide

Carotinoide

Phenolsäuren

Senföle (Isothiocyanate):

- wirken krebshemmend, entzündungshemmend und unterstützen die Entgiftung des Körpers. Antioxidative Verbindungen wie Kaempferol und Chlorophyll schützen die Zellen und fördern die Darm- und Gefäßgesundheit.

Bitte beachten Sie, dass diese Werte auf Durchschnittsangaben basieren und je nach Bodenbeschaffenheit, Düngung und Anbaugebiet abweichen können. Der Selengehalt in pflanzlichen Lebensmitteln ist stark vom Selengehalt, auf dem sie angebaut wurden, abhängig. In selenarmen Böden (wie in vielen Teilen Europas) können die Gehalte deutlich niedriger ausfallen.

2 Obst

2.1 Apfel

Die Werte stammen aus verschiedenen Quellen und können je nach Sorte, Anbaugebiet und Reifegrad variieren.

<u>Vitamine</u>

Vitamin A (Beta-Carotin):	8 µg
Vitamin B1 (Thiamin):	0,02 mg
Vitamin B2 (Riboflavin):	0,02 mg
Vitamin B3 (Niacin):	0,1 mg
Vitamin B5 (Pantothensäure):	0,1 mg
Vitamin B6 (Pyridoxin):	0,03 mg
Vitamin B7 (Biotin):	1,0 µg
Vitamin B9 (Folat):	5 µg
Vitamin C:	**12 mg**
Vitamin E:	0,50 mg

Mineralstoffe & Spurenelemente

Kalzium:	6 mg
Kalium:	**144 mg**
Magnesium:	5 mg
Phosphor:	**11 mg**
Zink:	0,04 mg
Eisen:	0,2 mg
Selen:	0,1 µg
Silicium (Kieselsäure):	1,2 mg
Jod:	2,0 µg
Kupfer:	0,03 mg
Fett:	**0,2 g**
Eiweiß:	**0,3 g**
Ballaststoffe:	**2,0 g**
Omega-3-Fettsäuren:	**0,01 g**

Sekundäre Pflanzen- bzw. Inhaltsstoffe

Flavonoide,
Phenolsäuren:
- antioxidativ, entzündungshemmend

2.2 Banane

Vitamine

Vitamin A (Beta-Carotin):	18 µg
Vitamin B1 (Thiamin):	0,04 mg
Vitamin B2 (Riboflavin):	0,05 mg
Vitamin B3 (Niacin):	0,7 mg
Vitamin B5 (Pantothensäure):	0,3 mg
Vitamin B6 (Pyridoxin):	0,37 mg
Vitamin B7 (Biotin)	1,5 µg
Vitamin B9 (Folat):	**14 µg**
Vitamin C:	**10 mg**
Vitamin E:	0,40 mg

Mineralstoffe & Spurenelemente

Kalzium:	8 mg
Kalium:	**370 mg**
Magnesium:	**30 mg**
Phosphor:	**22 mg**
Zink:	0,15 mg
Eisen:	0,4 mg
Selen:	1,0 µg
Silicium (Kieselsäure):	2,0 mg
Jod:	1,0 µg
Kupfer:	0,08 mg
Fett:	**0,3 g**
Eiweiß:	**1,1 g**
Ballaststoffe:	**2,6 g**
Omega-3-Fettsäuren:	**0,03 g**

Sekundäre Pflanzen- bzw. Inhaltsstoffe

Dopamin, Catechine:
- zellschützend, nervenunterstützend

Einige Obstsorten, wie z. B. Erdbeeren und Himbeeren, sind besonders reich an Vitamin C und Folsäure, während andere, wie Aprikosen und Mangos, hohe Gehalte an Vitamin A aufweisen.

2.3 Birne

Vitamine

Vitamin A (Beta-Carotin):	4 µg
Vitamin B1 (Thiamin):	0,02 mg
Vitamin B2 (Riboflavin):	0,02 mg
Vitamin B3 (Niacin):	0,2 mg
Vitamin B5 (Pantothensäure):	0,1 mg
Vitamin B6 (Pyridoxin):	0,03 mg
Vitamin B7 (Biotin):	1,0 µg
Vitamin B9 (Folat):	5 µg
Vitamin C:	5 mg
Vitamin E:	0,1 mg

Mineralstoffe & Spurenelemente

Kalzium:	9 mg
Kalium:	**125 mg**
Magnesium:	7 mg
Phosphor:	**11 mg**
Zink:	0,05 mg
Eisen:	0,2 mg
Selen:	0,2 µg
Silicium (Kieselsäure):	1,5 mg
Jod:	2,0 µg
Kupfer:	0,07 mg
Fett:	**0,1 g**
Eiweiß:	**0,4 g**
Ballaststoffe:	**3,1 g**
Omega-3-Fettsäuren:	**0,02 g**

Sekundäre Pflanzen- bzw. Inhaltsstoffe

Flavonoide

Phenolsäuren:

- antioxidativ, gefäßschützend

2.4 Grapefruit

Vitamine

Vitamin A (Beta-Carotin):	3 µg
Vitamin B1 (Thiamin):	0,05 mg
Vitamin B2 (Riboflavin):	0,03 mg
Vitamin B3 (Niacin):	0,2 mg
Vitamin B5 (Pantothensäure):	0,2 mg
Vitamin B6 (Pyridoxin):	0,05 mg
Vitamin B7 (Biotin):	1,5 µg
Vitamin B9 (Folat):	**13 µg**
Vitamin C:	**44 mg**
Vitamin E:	0,3 mg

Mineralstoffe & Spurenelemente

Kalzium:	**22 mg**
Kalium:	**148 mg**
Magnesium:	9 mg
Phosphor:	9 mg
Zink:	0,07 mg
Eisen:	0,2 mg
Selen:	0,3 µg
Silicium (Kieselsäure):	1,7 mg
Jod:	1,0 µg
Kupfer:	0,06 mg
Fett:	**0,2 g**
Eiweiß:	**0,6 g**
Ballaststoffe:	**1,8 g**
Omega-3-Fettsäuren:	**0,03 g**

Flavonoide (Naringin), Limonen:
- antioxidativ, cholesterinsenkend

2.5 Erdbeeren

Vitamine

Vitamin A (Beta-Carotin):	1 µg
Vitamin B1 (Thiamin):	0,03 mg
Vitamin B2 (Riboflavin):	0,05 mg
Vitamin B3 (Niacin):	0,4 mg
Vitamin B5 (Pantothensäure):	0,2 mg
Vitamin B6 (Pyridoxin):	0,06 mg
Vitamin B7 (Biotin):	1,0 µg
Vitamin B9 (Folat):	**43 µg**
Vitamin C:	**60 mg**
Vitamin E:	0,29 mg

Mineralstoffe & Spurenelemente

Kalzium:	**20 mg**
Kalium:	**153 mg**
Magnesium:	**15 mg**
Phosphor:	**24 mg**
Zink:	0,13 mg
Eisen:	1,0 mg
Selen:	0,6 µg
Silicium (Kieselsäure):	2,2 mg
Jod:	2,0 µg
Kupfer:	0,05 mg
Fett:	**0,4 g**
Eiweiß:	**0,8 g**
Ballaststoffe:	**2,0 g**
Omega-3-Fettsäuren:	**0,03 g**

Sekundäre Pflanzen- bzw. Inhaltsstoffe

Anthocyane, Ellagsäure:

- zellschützend, entzündungshemmend

2.6 Himbeeren

Vitamine

Vitamin A (Beta-Carotin):	3 mg
Vitamin B1 (Thiamin):	0,05 mg
Vitamin B2 (Riboflavin):	0,05 mg
Vitamin B3 (Niacin):	0,6 mg
Vitamin B5 (Pantothensäure):	0,4 mg
Vitamin B6 (Pyridoxin):	0,06 mg
Vitamin B7 (Biotin):	2 µg
Vitamin B9 (Folat):	**40 µg**
Vitamin C:	**25 mg**
Vitamin E:	0,8 mg

Mineralstoffe & Spurenelemente

Kalzium:	**40 mg**
Kalium:	**220 mg**
Magnesium:	**22 mg**
Phosphor:	**29 mg**
Zink:	0,42 mg
Eisen:	1,0 mg
Selen:	0,9 µg
Silicium (Kieselsäure):	2,8 mg
Jod:	2,0 µg
Kupfer:	0,09 mg
Fett:	**0,6 g**
Eiweiß:	**1,2 g**
Ballaststoffe:	**6,5 g**
Omega-3-Fettsäuren:	**0,05 g**

Sekundäre Pflanzen- bzw. Inhaltsstoffe

Anthocyane, Ellagsäure:

- antioxidativ, antimikrobiell

2.7 Heidelbeeren

Vitamine

Vitamin A (Beta-Carotin):	5 µg
Vitamin B1 (Thiamin):	0,03 mg
Vitamin B2 (Riboflavin):	0,03 mg
Vitamin B3 (Niacin):	0,4 mg
Vitamin B5 (Pantothensäure):	0,3 mg
Vitamin B6 (Pyridoxin):	0,06 mg
Vitamin B7 (Biotin):	1,5 µg
Vitamin B9 (Folat):	**20 µg**
Vitamin C:	**10 mg**
Vitamin E:	1,6 mg

Mineralstoffe & Spurenelemente

Kalzium:	9 mg
Kalium:	**77 mg**
Magnesium:	6 mg
Phosphor:	**13 mg**
Zink:	0,09 mg
Eisen:	0,7 mg
Selen:	0,4 µg
Silicium (Kieselsäure):	2,1 mg
Jod:	1,0 µg
Kupfer:	0,06 mg
Fett:	**0,3 g**
Eiweiß:	**0,6 g**
Ballaststoffe:	**3,1 g**
Omega-3-Fettsäuren:	**0,02 g**

Sekundäre Pflanzen- bzw. Inhaltsstoffe

Anthocyane, Flavonoide:

- stark antioxidativ, neuroprotektiv

2.8 Brombeeren

Vitamine

Vitamin A (Beta-Carotin):	4 µg
Vitamin B1 (Thiamin):	0,03 mg
Vitamin B2 (Riboflavin):	0,05 mg
Vitamin B3 (Niacin):	0,4 mg
Vitamin B5 (Pantothensäure):	0,3 mg
Vitamin B6 (Pyridoxin):	0,05 mg
Vitamin B7 (Biotin):	2,0 µg
Vitamin B9 (Folat):	**25 µg**
Vitamin C:	**21 mg**
Vitamin E:	1,17 mg

Mineralstoffe & Spurenelemente

Kalzium:	**29 mg**
Kalium:	**162 mg**
Magnesium:	**20 mg**
Phosphor:	**21 mg**
Zink:	0,3 mg
Eisen:	1 mg
Selen:	0,6 µg
Silicium (Kieselsäure):	2,5 mg
Jod:	2,0 µg
Kupfer:	0,07 mg
Fett:	**0,4 g**
Eiweiß:	**1,4 g**
Ballaststoffe:	**5,3 g**
Omega-3-Fettsäuren:	**0,04 g**

Sekundäre Pflanzen- bzw. Inhaltsstoffe

Anthocyane, Flavonoide:

- zellschützend, entzündungshemmend

2.9 Kirschen

<u>Vitamine</u>

Vitamin A (Beta-Carotin):	**16 µg**
Vitamin B1 (Thiamin):	0,03 mg
Vitamin B2 (Riboflavin):	0,04 mg
Vitamin B3 (Niacin):	0,5 mg
Vitamin B5 (Pantothensäure):	0,2 mg
Vitamin B6 (Pyridoxin):	0,05 mg
Vitamin B7 (Biotin):	1,5 µg
Vitamin B9 (Folat):	**14 µg**
Vitamin C:	**15 mg**
Vitamin E:	0,08

Mineralstoffe & Spurenelemente

Kalzium:	**15 mg**
Kalium:	**222 mg**
Magnesium:	**10 mg**
Phosphor:	**18 mg**
Zink:	0,09 mg
Eisen:	0,4
Selen:	0,3 µg
Silicium (Kieselsäure):	1,8 mg
Jod:	2,0 µg
Kupfer:	0,05 mg
Fett:	**0,3 g**
Eiweiß:	**1,0 g**
Ballaststoffe:	**2,1 g**
Omega-3-Fettsäuren:	**0,02 g**

Sekundäre Pflanzen- bzw. Inhaltsstoffe

Anthocyane, Flavonoide:

- entzündungshemmend, gefäßschützend

2.10 Pfirsich

Vitamine

Vitamin A (Beta-Carotin):	**16 µg**
Vitamin B1 (Thiamin):	0,03 mg
Vitamin B2 (Riboflavin):	0,03 mg
Vitamin B3 (Niacin):	0,7 mg
Vitamin B5 (Pantothensäure):	0,2 mg
Vitamin B6 (Pyridoxin):	0,04 mg
Vitamin B7 (Biotin):	1,0 µg
Vitamin B9 (Folat):	8 µg
Vitamin C:	7 mg
Vitamin E:	0,73 mg

Mineralstoffe & Spurenelemente

Kalzium:	7 mg
Kalium:	**190 mg**
Magnesium:	9 mg
Phosphor:	**20 mg**
Zink:	0,1 mg
Eisen:	0,4 mg
Selen:	0,2 µg
Silicium (Kieselsäure):	1,9 mg
Jod:	1,0 µg
Kupfer:	0,06 mg
Fett:	**0,1 g**
Eiweiß:	**0,9 g**
Ballaststoffe:	**1,5 g**
Omega-3-Fettsäuren:	**0,02 g**

Sekundäre Pflanzen- bzw. Inhaltsstoffe

Carotinoide, Flavonoide:

- zellschützend, verdauungsfördernd

2.11 Aprikose

Vitamine

Vitamin A (Beta-Carotin):	**96 µg**
Vitamin B1 (Thiamin):	0,03 mg
Vitamin B2 (Riboflavin):	0,05 mg
Vitamin B3 (Niacin):	0,8 mg
Vitamin B5 (Pantothensäure):	0,2 mg
Vitamin B6 (Pyridoxin):	0,06 mg
Vitamin B7 (Biotin):	2,0 µg
Vitamin B9 (Folat):	9 mg
Vitamin C:	**10 mg**
Vitamin E:	0,89 mg

Mineralstoffe & Spurenelemente

Kalzium:	**13 mg**
Kalium:	**280 mg**
Magnesium:	8 mg
Phosphor:	**23 mg**
Zink:	0,09 mg
Eisen:	0,6 mg
Selen:	0,3 µg
Silicium (Kieselsäure):	2,0 mg
Jod:	1,0 µg
Kupfer:	0,08 mg
Fett:	**0,1 g**
Eiweiß:	**1,4 g**
Ballaststoffe:	**2,0 g**
Omega-3-Fettsäuren:	**0,03 g**

Sekundäre Pflanzen- bzw. Inhaltsstoffe

Beta-Carotin, Flavonoide:
*   antioxidativ, hautschützend

Viele Menschen berichten seit Jahrzehnten von positiven Erfahrungen mit Amygdalin bzw. „Vitamin B17" aus Aprikosenkernen, besonders im Zusammenhang mit krebshemmender Wirkung. Dies ist vor allem in der alternativen Medizin verbreitet, etwa durch Persönlichkeiten wie Dr. Ernst Krebs oder Naturheilkundler, die auf Entgiftung und ganzheitliche Ansätze setzen. Auf der anderen Seite steht die Schulmedizin, die Amygdalin als unwirksam und potenziell gefährlich einstuft. Vor allem wegen der Bildung von Blausäure im Körper, die in höheren Dosen tatsächlich toxisch ist. Klinische Studien konnten bislang keinen eindeutigen Nutzen bei Krebserkrankungen nachweisen, weshalb die offiziellen Stellen (wie EFSA, BfR, FDA etc.) vor der Einnahme warnen. Manche Menschen vermuten, dass wirtschaftliche Interessen, etwa der Pharmaindustrie, eine Rolle spielen, da natürliche Mittel nicht patentierbar sind. Was Du daraus machst, hängt auch davon ab, welchem medizinischen Weltbild Du persönlich näherstehst.

2.12 Mango

Vitamine

Vitamin A (Beta-Carotin):	**54 µg**
Vitamin B1 (Thiamin):	0,03 mg
Vitamin B2 (Riboflavin):	0,06 mg
Vitamin B3 (Niacin):	0,5 mg
Vitamin B5 (Pantothensäure):	0,2 mg
Vitamin B6 (Pyridoxin):	0,13 mg
Vitamin B7 (Biotin):	1,5 mg
Vitamin B9 (Folat):	**14 µg**
Vitamin C:	**36 mg**
Vitamin E:	1,12 mg

Mineralstoffe & Spurenelemente

Kalzium:	**13 mg**
Kalium:	**168 mg**
Magnesium:	8 mg
Phosphor:	**14 mg**
Zink:	0,09 mg
Eisen:	0,6 mg
Selen:	0,3 µg
Silicium (Kieselsäure):	1,6 mg
Jod:	1,0 µg
Kupfer:	0,11 mg
Fett:	**0,2 g**
Eiweiß:	**0,6 g**
Ballaststoffe:	**1,7 g**
Omega-3-Fettsäuren:	**0,02 g**

Sekundäre Pflanzen- bzw. Inhaltsstoffe

Beta-Carotin, Lutein
- zellschützend, immunsystemstärkend

2.13 Ananas

Vitamine

Vitamin A (Beta-Carotin):	7 µg
Vitamin B1 (Thiamin):	0,04 mg
Vitamin B2 (Riboflavin):	0,02 mg
Vitamin B3 (Niacin):	0,2 mg
Vitamin B5 (Pantothensäure):	0,2 mg
Vitamin B6 (Pyridoxin):	0,05 mg
Vitamin B7 (Biotin):	1,5 µg
Vitamin B9 (Folat):	8 µg
Vitamin C:	**20 mg**
Vitamin E:	0,02

Mineralstoffe & Spurenelemente

Kalzium:	**13 mg**
Kalium:	**115 mg**
Magnesium:	8 mg
Phosphor:	8 mg
Zink:	0,08 mg
Eisen:	0,3 mg
Selen:	0,2 µg
Silicium (Kieselsäure):	1,4 mg
Jod:	2,0 µg
Kupfer:	0,08 mg
Fett:	**0,2 g**
Eiweiß:	**0,5 g**
Ballaststoffe:	**1,4 g**
Omega-3-Fettsäuren:	**0,01 g**

Sekundäre Pflanzen- bzw. Inhaltsstoffe

Bromelain (Enzym), Flavonoide:

- verdauungsfördernd, entzündungshemmend

2.14 Wassermelone

Vitamine

Vitamin A (Beta-Carotin):	3 µg
Vitamin B1 (Thiamin):	0,04 mg
Vitamin B2 (Riboflavin):	0,02 mg
Vitamin B3 (Niacin):	0,2 mg
Vitamin B5 (Pantothensäure):	0,1 mg
Vitamin B6 (Pyridoxin):	0,05 mg
Vitamin B7 (Biotin):	1,0 µg
Vitamin B9 (Folat):	3 µg
Vitamin C:	8 mg
Vitamin E:	0,05 mg

Mineralstoffe & Spurenelemente

Kalzium:	7 mg
Kalium:	**112 mg**
Magnesium:	**10 mg**
Phosphor:	**11 mg**
Zink:	0,1 mg
Eisen:	0,2 mg
Selen:	0,2 µg
Silicium (Kieselsäure):	1,1 mg
Jod:	1,0 µg
Kupfer:	0,04 mg
Fett:	**0,1 g**
Eiweiß:	**0,6 g**
Ballaststoffe:	**0,4 g**
Omega-3-Fettsäuren:	**0,01 g**

Sekundäre Pflanzen- bzw. Inhaltsstoffe

Lycopin, Citrullin:
- zellschützend, gefäßerweiternd

2.15 Honigmelone

Vitamine

Vitamin A (Beta-Carotin):	**19 µg**
Vitamin B1 (Thiamin):	0,04 mg
Vitamin B2 (Riboflavin):	0,03 mg
Vitamin B3 (Niacin):	0,3 mg
Vitamin B5 (Pantothensäure):	0,2 mg
Vitamin B6 (Pyridoxin):	0,06 mg
Vitamin B7 (Biotin):	1,5 µg
Vitamin B9 (Folat):	5 µg
Vitamin C:	**18 mg**
Vitamin E:	0,10 mg

Mineralstoffe & Spurenelemente

Kalzium:	6 mg
Kalium:	**309 mg**
Magnesium:	**11 mg**
Phosphor:	**13 mg**
Zink:	0,09 mg
Eisen:	0,2 mg
Selen:	0,3 µg
Silicium (Kieselsäure):	1,3 mg
Jod:	1,0 µg
Kupfer:	0,04 mg
Fett:	**0,1 g**
Eiweiß:	**0,8 g**
Ballaststoffe:	**0,9 g**
Omega-3-Fettsäuren:	**0,01 g**

Sekundäre Pflanzen bzw. Inhaltsstoffe

Flavonoide, Carotinoide
- zellschützend, antioxidativ

2.16 Galiamelone

Vitamine

Vitamin A (Beta-Carotin):	**21 µg**
Vitamin B1 (Thiamin):	0,04 mg
Vitamin B2 (Riboflavin):	0,03 mg
Vitamin B3 (Niacin):	0,4 mg
Vitamin B5 (Pantothensäure):	0,2 mg
Vitamin B6 (Pyridoxin):	0,06 mg
Vitamin B7 (Biotin):	1,5 µg
Vitamin B9 (Folat):	5 µg
Vitamin C:	**36 mg**
Vitamin E:	0,04 mg

Mineralstoffe & Spurenelemente

Kalzium:	8 mg
Kalium:	**228 mg**
Magnesium:	**10 mg**
Phosphor:	**15 mg**
Zink:	0,1 mg
Eisen:	0,2 mg
Selen:	0,3 µg
Silicium (Kieselsäure):	1,3 mg
Jod:	1,0 µg
Kupfer:	0,05 mg
Fett:	**0,2 g**
Eiweiß:	**0,7 g**
Ballaststoffe:	**0,9 g**
Omega-3-Fettsäuren:	**0,01 g**

Sekundäre Pflanhzen- bzw. Inhaltsstoffe

Flavonoide, Carotinoide
- zellschützend, entzündungshemmend

2.17 Weintrauben

<u>Vitamine</u>

Vitamin A (Beta-Carotin):	4 µg
Vitamin B1 (Thiamin):	0,04 mg
Vitamin B2 (Riboflavin):	0,02 mg
Vitamin B3 (Niacin):	0,3 mg
Vitamin B5 (Pantothensäure):	0,2 mg
Vitamin B6 (Pyridoxin):	0,04 mg
Vitamin B7 (Biotin):	1,0 µg
Vitamin B9 (Folat):	2 µg
Vitamin C:	4 mg
Vitamin E:	0,19 mg

Mineralstoffe & Spurenelemente

Kalzium:	**14 mg**
Kalium:	**191 mg**
Magnesium:	8 mg
Phosphor:	**17 mg**
Zink:	0,05 mg
Eisen:	0,4 mg
Selen:	0,2 µg
Silicium (Kieselsäure):	1,5 mg
Jod:	1,0 µg
Kupfer:	0,1 mg
Fett:	**0,2 g**
Eiweiß:	**0,6 g**
Ballaststoffe:	**1,5 g**
Omega-3-Fettsäuren:	**0,01 g**

Sekundäre Pflanzen- bzw. Inhaltsstoffe

Resveratrol, Anthocyane:

- herzschützend, antioxidativ

2.18 Kiwi

Vitamine

Vitamin A (Beta-Carotin):	4 µg
Vitamin B1 (Thiamin):	0,02 mg
Vitamin B2 (Riboflavin):	0,04 mg
Vitamin B3 (Niacin):	0,3 mg
Vitamin B5 (Pantothensäure):	0,3 mg
Vitamin B6 (Pyridoxin):	12 mg
Vitamin B7 (Biotin):	2,0 µg
Vitamin B9 (Folat):	**25 µg**
Vitamin C:	**92 mg**
Vitamin E: 1,5 mg	

Mineralstoffe & Spurenelemente

Kalzium:	**38 mg**
Kalium:	**312 mg**
Magnesium:	**17 mg**
Phosphor:	**34 mg**
Zink:	0,16 mg
Eisen:	0,6 mg
Selen:	0,6 µg
Silicium (Kieselsäure):	2,6 mg
Jod:	3,0 µg
Kupfer:	0,08 mg
Fett:	**0,5 g**
Eiweiß:	**1,0 g**
Ballaststoffe:	**3 g**
Omega-3-Fettsäuren:	**0,03 g**

Sekundäre Pflanzen- bzw. Inhaltsstoffe

Actinidin (Enzym), Flavonoide:
- verdauungsfördernd, antioxidativ

2.19 Granatapfel

Vitamine

Vitamin A (Beta-Carotin):	0 µg
Vitamin B1 (Thiamin):	0,03 mg
Vitamin B2 (Riboflavin):	0,03 mg
Vitamin B3 (Niacin):	0,2 mg
Vitamin B5 (Pantothensäure):	0,2 mg
Vitamin B6 (Pyridoxin):	0,06 mg
Vitamin B7 (Biotin):	1 µg
Vitamin B9 (Folat):	**13 µg**
Vitamin C:	**10 mg**
Vitamin E:	0,6 mg

Mineralstoffe & Spurenelemente

Kalzium:	7 mg
Kalium:	**236 mg**
Magnesium:	**12 mg**
Phosphor:	**10 mg**
Zink:	0,12 mg
Eisen:	0,3 mg
Selen:	0,6 µg
Silicium (Kieselsäure):	2,3 mg
Jod:	1,0 µg
Kupfer:	0,12 mg
Fett:	**1,2 g**
Eiweiß:	**1,0 g**
Ballaststoffe:	**4,0 g**
Omega-3-Fettsäuren:	**0,03 g**

Sekundäre Pflanzen- bzw. Inhaltsstoffe

Punicalagin, Anthocyane:
- zellschützend, blutdrucksenkend

2.20 Mandarine

<u>Vitamine</u>

Vitamin A (Beta-Carotin):	5 µg
Vitamin B1 (Thiamin):	0,04 mg
Vitamin B2 (Riboflavin):	0,03 mg
Vitamin B3 (Niacin):	0,3 mg
Vitamin B5 (Pantothensäure):	0,2 mg
Vitamin B6 (Pyridoxin):	0,05 mg
Vitamin B7 (Biotin):	1,5 µg
Vitamin B9 (Folat):	**14 µg**
Vitamin C:	**30 mg**
Vitamin E:	0,2 mg

Mineralstoffe & Spurenelemente

Kalzium:	**33 mg**
Kalium:	**150 mg**
Magnesium:	**12 mg**
Phosphor:	**14 mg**
Zink:	0,1 mg
Eisen:	0,2 mg
Selen:	0,4 µg
Silicium (Kieselsäure):	1,8 mg
Jod:	2,0 µg
Kupfer:	0,07 mg
Fett:	**0,2 g**
Eiweiß:	**0,8 g**
Ballaststoffe:	**1,7 g**
Omega-3-Fettsäuren:	**0,02 g**

Sekundäre Pflanzen- bzw. Inhaltsstoffe

Flavonoide, Limonen:

- entzündungshemmend, antioxidativ

2.21 Kaki

Vitamine

Vitamin A (Beta-Carotin):	**25 µg**
Vitamin B1 (Thiamin):	0,03 mg
Vitamin B2 (Riboflavin):	0,04 mg
Vitamin B3 (Niacin):	0,4 mg
Vitamin B5 (Pantothensäure):	0,2 mg
Vitamin B6 (Pyridoxin):	0,07 mg
Vitamin B7 (Biotin):	2,0 µg
Vitamin B9 (Folat):	7 µg
Vitamin C:	**16 mg**
Vitamin E:	0,4 mg

Mineralstoffe & Spurenelemente

Kalzium:	**22 mg**
Kalium:	**161 mg**
Magnesium:	9 mg
Phosphor:	**27 mg**
Zink:	0,1 mg
Eisen:	0,4 mg
Selen:	0,7 µg
Silicium (Kieselsäure):	2,0 mg
Jod:	2,0 µg
Kupfer:	0,06 mg
Fett:	**0,2 g**
Eiweiß:	**0,6 g**
Ballaststoffe:	**3,6 g**
Omega-3-Fettsäuren:	**0,02 g**

Sekundäre Pflanzen- bzw. Inhaltsstoffe

Beta-Carotin, Tannine:

- zellschützend, antioxidativ

2.22 Pflaume

Vitamine

Vitamin A (Beta-Carotin):	**17 µg**
Vitamin B1 (Thiamin):	0,03 mg
Vitamin B2 (Riboflavin):	0,03 mg
Vitamin B3 (Niacin):	0,4 mg
Vitamin B5 (Pantothensäure):	0,2 mg
Vitamin B6 (Pyridoxin):	0,05 mg
Vitamin B7 (Biotin):	1 µg
Vitamin B9 (Folat):	5 µg
Vitamin C:	5 mg
Vitamin E:	0,26 mg

Mineralstoffe & Spurenelemente

Kalzium:	**10 mg**
Kalium:	**157 mg**
Magnesium:	7 mg
Phosphor:	**20 mg**
Zink:	0,1 mg
Eisen:	0,3 mg
Selen:	0,3 µg
Silicium (Kieselsäure):	1,7 mg
Jod:	2,0 µg
Kupfer:	0,1 mg
Fett:	**0,2 g**
Eiweiß:	**0,7 g**
Ballaststoffe:	**2,0 g**
Omega-3-Fettsäuren:	**0,02 g**

Sekundäre Pflanzen- bzw. Inhaltsstoffe

Anthocyane, Flavonoide:
- verdauungsfördernd, antioxidativ

2.23 Physalis

Vitamine

Vitamin A (Beta-Carotin):	**36 µg**
Vitamin B1 (Thiamin):	0,08 mg
Vitamin B2 (Riboflavin):	0,04 mg
Vitamin B3 (Niacin):	1,0 mg
Vitamin B5 (Pantothensäure):	0,4 mg
Vitamin B6 (Pyridoxin):	0,2 mg
Vitamin B7 (Biotin):	3,0 µg
Vitamin B9 (Folat):	**20 µg**
Vitamin C:	**20 mg**
Vitamin E:	1,1 mg

Mineralstoffe & Spurenelemente

Kalzium:	**12 mg**
Kalium:	**260 mg**
Magnesium:	**12 mg**
Phosphor:	**37 mg**
Zink:	0,35 mg
Eisen:	1,0 mg
Selen:	0,9 µg
Silicium (Kieselsäure):	2,9 mg
Jod:	2,0 µg
Kupfer:	0,11 mg
Fett:	**0,5 g**
Eiweiß:	**1,9 g**
Ballaststoffe:	**4,9 g**
Omega-3-Fettsäuren:	**0,06 g**

Sekundäre Pflanzen- bzw. Mineralstoffe

Withanolide, Carotinoide:
- antibakteriell, immunstärkend

2.24 Hagebutte

Vitamine

Vitamin A (Beta-Carotin):	**1.200 µg**
Vitamin B1 (Thiamin):	0,05 mg
Vitamin B2 (Riboflavin):	0,1 mg
Vitamin B3 (Niacin):	1,0 mg
Vitamin B5 (Pantothensäure):	0,4 mg
Vitamin B6 (Pyridoxin):	0,2 mg
Vitamin B7 (Biotin):	3,0 µg
Vitamin B9 (Folat):	**45 µg**
Vitamin C:	**1.250 mg**
Vitamin E:	3,0 mg

Mineralstoffe & Spurenelemente

Kalzium:	**250 mg**
Kalium:	**300 mg**
Magnesium:	**35 mg**
Phosphor:	**40 mg**
Zink:	0,5 mg
Eisen:	1,6 mg
Selen:	1,0 µg
Silicium (Kieselsäure):	4,0 mg
Jod:	3,0 µg
Kupfer:	0,12 mg
Fett:	**0,4 g**
Eiweiß:	**1,6 g**
Ballaststoffe:	**5,0 g**
Omega-3-Fettsäuren:	**0,05 g**

Sekundäre Pflanzen- bzw. Inhaltsstoffe

Lycopin, Flavonoide:
- stark antioxidativ, entzündungshemmend

2.25 Holunderbeere

Vitamine

Vitamin A (Beta-Carotin):	**600 µg**
Vitamin B1 (Thiamin):	0,07 mg
Vitamin B2 (Riboflavin):	0,06 mg
Vitamin B3 (Niacin):	1,0 mg
Vitamin B5 (Pantothensäure):	0,3 mg
Vitamin B6 (Pyridoxin):	0,18 mg
Vitamin B7 (Biotin):	2,0 µg
Vitamin B9 (Folat):	**38 µg**
Vitamin C:	**150 mg**
Vitamin E:	1,5 mg

Mineralstoffe & Spurenelemente

Kalzium:	**38 mg**
Kalium:	**280 mg**
Magnesium:	**30 mg**
Phosphor:	**43 mg**
Zink:	0,2 mg
Eisen:	1,5 mg
Selen:	0,6 µg
Silicium (Kieselsäure):	3,2 mg
Jod:	2,0 µg
Kupfer:	0,09 mg
Fett:	**0,5 g**
Eiweiß:	**1,0 g**
Ballaststoffe:	**7,0 g**
Omega-3-Fettsäuren:	**0,04 g**

Sekundäre Pflanzen- bzw. Inhaltsstoffe

Anthocyane, Flavonoide, Sambunigrin:
- entzündungshemmend, antiviral

3 Milchprodukte

3.1 Vollmilch (3,5% Fett)

<u>Vitamine</u>

Vitamin A (Beta-Carotin):	**28 µg**
Vitamin B1 (Thiamin):	0,04 mg
Vitamin B2 (Riboflavin):	0,18 mg
Vitamin B3 (Niacin):	0,1 mg
Vitamin B5 (Pantothensäure):	0,37 mg
Vitamin B6:	0,04 mg
Vitamin B7 (Biotin):	2,0 mg
Vitamin B12:	0,4 µg
Vitamin D:	0,03 µg
Vitamin E:	0,06 mg

Mineralstoffe & Spurenelemente

Kalzium:	**120 mg**
Kalium:	**150 mg**
Magnesium:	**11 mg**
Phosphor:	**92 mg**
Zink:	0,4 mg
Eisen:	0,03 mg
Selen:	3,0 µg
Silicium (Kieselsäure):	0,2 mg
Jod:	**16 µg**
Kupfer:	0,01 mg
Fett:	**3,5 g**
Eiweiß:	**3,3 g**
Ballaststoffe:	0,0 g
Omega-3-Fettsäuren:	**0,12 g**

3.2 H-Milch

Vitamine

Vitamin A (Beta-Carotin):	**28 µg**
Vitamin B1 (Thiamin):	0,04 mg
Vitamin B2 (Riboflavin):	0,18 mg
Vitamin B3 (Niacin):	0,1 mg
Vitamin B5 (Pantothensäure):	0,35 mg
Vitamin B6 (Pyridoxin):	0,03 mg
Vitamin B7 (Biotin):	2,0 mg
Vitamin B12:	0,4 µg
Vitamin D:	0,03 µg
Vitamin E:	0,01 mg

Mineralstoffe & Spurenelemente

Kalzium:	**120 mg**
Kalium:	**150 mg**
Magnesium:	**11 mg**
Phosphor:	**92 mg**
Zink:	0,4 mg
Eisen:	0,03 mg
Selen:	3,0 µg
Silicium (Kieselsäure):	0,2 mg
Jod:	**16 µg**
Kupfer:	0,01 mg
Fett:	**3,5 g**
Eiweiß:	**3,2 g**
Ballaststoffe:	0,0 g
Omega-3-Fettsäuren:	**0,1 g**

Die Nährstoffe bleiben weitgehend stabil, einige hitzeempfindliche Vitamine (wie B1, B6, B12) können aber leicht reduziert sein.

3.3 Naturjoghurt (3,5% Fett)

Vitamine

Vitamin A (Beta-Carotin):	**28 µg**
Vitamin B1 (Thiamin):	0,04
Vitamin B2 (Riboflavin):	0,18 mg
Vitamin B3 (Niacin):	0,1 mg
Vitamin B5 (Pantothensäure):	0,36 mg
Vitamin B6 (Pyridoxin):	0,05 mg
Vitamin B7 (Biotin):	2,0 mg
Vitamin B12:	0,4 µg
Vitamin D:	0,03 µg
Vitamin E:	0,07 mg

Mineralstoffe & Spurenelemente

Kalzium:	**120 mg**
Kalium:	**160 mg**
Magnesium:	**12 mg**
Phosphor:	**95 mg**
Zink:	0,5 mg
Eisen:	0,05
Selen:	3,5 µg
Silicium (Kieselsäure):	0,3 mg
Jod:	**12 µg**
Kupfer:	0,01 mg
Fett:	**3,5 g**
Eiweiß:	**3,9 g**
Ballaststoffe:	0,0 g
Omega-3-Fettsäuren:	**0,13 g**

Naturjoghurt ist leicht verdaulich und enthält probiotische Kulturen, die die Darmgesundheit unterstützen können.

3.4 Magerquark

<u>Vitamine</u>

Vitamin A (Beta-Carotin):	9 µg
Vitamin B1 (Thiamin):	0,02 mg
Vitamin B2 (Riboflavin):	0,30 mg
Vitamin B3 (Niacin):	0,1 mg
Vitamin B5 (Pantothensäure):	0,90 mg
Vitamin B6 (Pyridoxin):	0,06 mg
Vitamin B7 (Biotin):	8,0 mg
Vitamin B12:	0,9 µg
Vitamin D:	0 µg
Vitamin E:	0,1 mg

<u>Mineralstoffe & Spurenelemente</u>

Kalzium:	**90 mg**
Kalium:	**140 mg**
Magnesium:	**11 mg**
Phosphor:	**125 mg**
Zink:	0,4 mg
Eisen:	0,1 mg
Selen:	7,0 µg
Silicium (Kieselsäure):	0,3 mg
Jod:	**10 µg**
Kupfer:	0,01 mg
Fett:	**0,2 g**
Eiweiß:	**12 g**
Ballaststoffe:	0,0 g
Omega-3-Fettsäuren:	**0,02 g**

Magerquark ist besonders eiweißreich und daher bei Menschen, die Sport betreiben, sehr beliebt. Er enthält kaum Fett, aber viele B-Vitamine.

3.5 Sahne/ Schlagsahne (ca. 30% Fett)

Vitamine

Vitamin A (Beta-Carotin):	**83 µg**
Vitamin B1 (Thiamin):	0,02 mg
Vitamin B2 (Riboflavin):	0,12 mg
Vitamin B3 (Niacin):	0,1 mg
Vitamin B5 (Pantothensäure):	0,30 mg
Vitamin B6 (Pyridoxin):	0,03 mg
Vitamin B7 (Biotin):	2,0 mg
Vitamin B12:	0,4 µg
Vitamin D:	0,1 µg
Vitamin E:	0,55 mg

Mineralstoffe & Spurenelemente

Kalzium:	**75 mg**
Kalium:	**85 mg**
Magnesium:	6 mg
Phosphor:	**60 mg**
Zink:	0,3 mg
Eisen:	0,1 mg
Selen:	2,0 µg
Silicium (Kieselsäure):	0,1 mg
Jod:	5,0 µg
Kupfer:	0,1 mg
Fett:	**30,0 g**
Eiweiß:	**2,1 g**
Ballaststoffe:	0,0 g
Omega-3-Fettsäuren:	**0,05 g**

Schlagsahne ist energiereich und enthält nennenswerte Mengen an Vitamin A und D. Beide sind fettlöslich und daher gut verwertbar.

3.6 Butter (Süßrahm)

Vitamine

Vitamin A (Beta-Carotin):	**820 µg**
Vitamin B1 (Thiamin):	0,01 mg
Vitamin B2 (Riboflavin):	0,05 mg
Vitamin B3 (Niacin):	0,1 mg
Vitamin B5 (Pantothensäure):	0,30 mg
Vitamin B6 (Pyridoxin):	0,01 mg
Vitamin B7 (Biotin):	1,0 mg
Vitamin B12:	0,3 µg
Vitamin D:	1,2 µg
Vitamin E:	2,4 mg

Mineralstoffe & Spurenelemente

Kalzium:	**15 mg**
Kalium:	**20 mg**
Magnesium:	2 mg
Phosphor:	**15 mg**
Zink:	0,1 mg
Eisen	0,2 mg
Selen:	1,0 µg
Silicium (Kieselsäure):	0,0 mg
Jod:	1,0 µg
Kupfer:	0,0 mg
Fett:	**82 g**
Eiweiß:	0,5 g
Ballaststoffe:	0,0 g
Omega-3-Fettsäuren:	**0,2 g**

Butter ist vor allem eine Vitamin-A- und Vitamin-D-Quelle. Sie enthält wenig Eiweiß und Mineralstoffe, ist aber wertvoll für die fettlösliche Vitaminaufnahme.

3.7   Frischkäse   (Doppelrahmstufe, ca. 70 % Fett i. Tr.)

Vitamine

Vitamin A (Beta-Carotin):	**350 µg**
Vitamin B1 (Thiamin):	0,02 mg
Vitamin B2 (Riboflavin):	0,25 mg
Vitamin B3 (Niacin):	0,1 mg
Vitamin B5 (Pantothensäure):	0,60 mg
Vitamin B6 (Pyridoxin):	0,04 mg
Vitamin B7 (Biotin):	4,0 mg
Vitamin B12:	0,5 µg
Vitamin D:	0,1 µg
Vitamin E:	0,7 mg

Mineralstoffe & Spurenelemente

Kalzium:	**85 mg**
Kalium:	**120 mg**
Magnesium:	8 mg
Phosphor:	**95 mg**
Zink:	0,4 mg
Eisen	0,4 mg
Selen:	4,4 µg
Silicium (Kieselsäure):	0,3 mg
Jod:	**14 µg**
Kupfer:	0,01 mg
Fett:	**25,0 g**
Eiweiß:	**6,5 g**
Ballaststoffe:	0,0 g
Omega-3-Fettsäuren:	**0,11 g**

Frischkäse in Doppelrahmstufe ist cremig und reich an Fett, enthält aber auch solide Mengen an Kalzium, Vitamin A und B-Vitaminen.

3.8 Weichkäse (Camembert, 45 % Fett i. Tr.)

Vitamine

Vitamin A (Beta-Carotin):	**240 µg**
Vitamin B1 (Thiamin):	0,03 mg
Vitamin B2 (Riboflavin):	0,36 mg
Vitamin B3 (Niacin):	0,1 mg
Vitamin B5 (Pantothensäure):	0,80 mg
Vitamin B6 (Pyridoxin):	0,06 mg
Vitamin B7 (Biotin):	6,0 mg
Vitamin B12:	2,0 µg
Vitamin D:	0,5 µg
Vitamin E:	0,3 mg

Mineralstoffe & Spurenelemente

Kalzium:	**400 mg**
Kalium:	**129 mg**
Magnesium:	**20 mg**
Phosphor:	**350 mg**
Zink:	2,0 mg
Eisen:	0,5 mg
Selen:	5,0 µg
Silicium (Kieselsäure):	0,4 mg
Jod:	**30 µg**
Kupfer:	0,02 mg
Fett:	**24,0 g**
Eiweiß:	**19,0 g**
Ballaststoffe:	0,0 g
Omega-3-Fettsäuren:	**0,18 g**

Camembert punktet mit viel Kalzium, Phosphor und Vitamin B12 und ist ein kräftiger Nährstofflieferant in weicher Form.

3.9 Hartkäse (z.B. Emmentaler)

<u>Vitamine</u>

Vitamin A (Beta-Carotin):	**300 µg**
Vitamin B1 (Thiamin):	0,03 mg
Vitamin B2 (Riboflavin):	0,35 mg
Vitamin B3 (Niacin):	0,1 mg
Vitamin B5 (Pantothensäure):	0,70 mg
Vitamin B6 (Pyridoxin):	0,07 mg
Vitamin B7 (Biotin):	10,0 mg
Vitamin B12:	2,0 µg
Vitamin D:	0,4 µg
Vitamin E:	0,2 mg

<u>Mineralstoffe & Spurenelemente</u>

Kalzium:	**1.000 mg**
Kalium:	**90 mg**
Magnesium:	**35 mg**
Phosphor:	**700 mg**
Zink:	3,5 mg
Eisen:	0,6 mg
Selen:	5,0 µg
Silicium (Kieselsäure):	0,5 mg
Jod:	**35 µg**
Kupfer:	0,03 mg
Fett:	**30,0 g**
Eiweiß:	**28,0 g**
Ballaststoffe:	0,0 g
Omega-3-Fettsäuren:	**0,25 g**

Hartkäse wie Emmentaler ist ein wahres Kalzium-Kraftpaket und damit ideal für Knochen und Zähne. Auch B12 und Zink sind stark vertreten.

3.10 Parmesan (nährstoffreicher Hartkäse)

Vitamine

Vitamin A (Beta-Carotin):	**270 µg**
Vitamin B1 (Thiamin):	0,03 mg
Vitamin B2 (Riboflavin):	0,35 mg
Vitamin B3 (Niacin):	0,1 mg
Vitamin B5 (Pantothensäure):	0,65 mg
Vitamin B6 (Pyridoxin):	0,06 mg
Vitamin B7 (Biotin):	**20,0 mg**
Vitamin B12:	2,5 µg
Vitamin D:	0,5 µg
Vitamin E:	0,3 mg
Kalzium:	**1.150 mg**
Kalium:	**125 mg**

Mineralstoffe & Spurenelemente

Magnesium:	**44 mg**
Phosphor:	**760 mg**
Zink:	4,0 mg
Eisen:	0,9 mg
Selen:	6,0 µg
Silicium (Kieselsäure):	0,6 mg
Jod:	**35 µg**
Kupfer:	0,03 mg
Fett:	**29,0 g**
Eiweiß:	**35,0 g**
Ballaststoffe:	0,0 g
Omega-3-Fettsäuren:	**0,2 g**

Parmesan ist besonders nährstoffreich. Er ist ein echtes Kalzium- und Eiweißwunder mit hohem B12- und Zinkgehalt und perfekt in kleinen Mengen.

4 Fischprodukte

4.1 Lachs (frisch, roh)

Vitamine

Vitamin A (Beta-Carotin):	**40 µg**
Vitamin B1 (Thiamin):	0,23 mg
Vitamin B2 (Riboflavin):	0,11 mg
Vitamin B3 (Niacin):	8,0 mg
Vitamin B5 (Pantothensäure):	1,5 mg
Vitamin B6 (Pyridoxin):	0,9 mg
Vitamin B7 (Biotin):	5,0 mg
Vitamin B12:	4,5 µg
Vitamin D:	**16 µg**
Vitamin E:	1,1 mg

Mineralstoffe & Spurenelemente

Kalzium:	**12 mg**
Kalium:	**340 mg**
Magnesium:	**30 mg**
Phosphor:	**200 mg**
Zink:	0,6 mg
Eisen:	0,5 mg
Selen:	**26 µg**
Silicium (Kieselsäure):	0,2 mg
Jod:	**35 µg**
Kupfer:	0,03 mg
Fett:	**13,0 g**
Eiweiß:	**20 g**
Ballaststoffe:	0,0 g
Omega-3-Fettsäuren:	**2 g**

Lachs ist reich an Omega-3-Fettsäuren, Vitamin D und B-Vitaminen. Er ist ein echtes Superfood aus dem Wasser.

4.2 Hering (z. B. Matjes, roh)

Vitamine

Vitamin A (Beta-Carotin):	**45 µg**
Vitamin B1 (Thiamin):	0,07 mg
Vitamin B2 (Riboflavin):	0,23 mg
Vitamin B3 (Niacin):	5,5 mg
Vitamin B5 (Pantothensäure):	0,8 mg
Vitamin B6 (Pyridoxin):	0,4 mg
Vitamin B7 (Biotin):	9,0 mg
Vitamin B12:	8,5 µg
Vitamin D:	**22 µg**
Vitamin E:	2,8 mg

Mineralstoffe & Spurenelemente

Kalzium:	**60 mg**
Kalium:	**290 mg**
Magnesium:	**30 mg**
Phosphor:	**250 mg**
Zink:	1,2 mg
Eisen:	1,0 mg
Selen:	**36 µg**
Silicium (Kieselsäure):	0,2 mg
Jod:	**50 µg**
Kupfer:	0,04 mg
Fett:	**17,5 g**
Eiweiß:	**18,0 g**
Ballaststoffe:	0,0 g
Omega-3-Fettsäuren:	**2,3 g**

Hering ist besonders reich an Vitamin D und B12. Schon kleine Mengen liefern einen großen Beitrag zur täglichen Versorgung.

4.3 Makrele (geräuchert)

Vitamine

Vitamin A (Beta-Carotin):	**50 µg**
Vitamin B1 (Thiamin):	0,13 mg
Vitamin B2 (Riboflavin):	0,25 mg
Vitamin B3 (Niacin):	7,8 mg
Vitamin B5 (Pantothensäure):	1,2 mg
Vitamin B6 (Pyridoxin):	0,6 mg
Vitamin B7 (Biotin):	9,0 mg
Vitamin B12:	9,0 µg
Vitamin E:	2,5 mg

Mineralstoffe & Spurenelemente

Kalzium:	**15 mg**
Kalium:	**380 mg**
Magnesium:	**30 mg**
Phosphor:	**230 mg**
Zink:	1,0 mg
Eisen:	1,0 mg
Selen:	**44 µg**
Silicium (Kieselsäure):	0,3 mg
Jod:	**45 µg**
Kupfer:	0,05 mg
Fett:	**28,0 g**
Eiweiß:	**24,0 g**
Ballaststoffe:	0,0 g
Omega-3-Fettsäuren:	**2,6 g**

Makrele überzeugt mit ihrem hohem Vitamin-D-Gehalt, Omega-3-Fettsäuren und jeder Menge B-Vitamine und ist besonders in geräucherter Form ein beliebter Energiespender.

4.4 Thunfisch (Dose, im eigenen Saft)

<u>Vitamine</u>

Vitamin A (Beta-Carotin):	**50 µg**
Vitamin B1 (Thiamin):	0,15 mg
Vitamin B2 (Riboflavin):	0,22 mg
Vitamin B3 (Niacin):	11,0 mg
Vitamin B5 (Pantothensäure):	1,4 mg
Vitamin B6 (Pyridoxin):	1,0 mg
Vitamin B7 (Biotin):	4,0 mg
Vitamin B12:	4,0 µg
Vitamin D:	5,5 µg
Vitamin E:	1,2 mg

Mineralstoffe & Spurenelemente

Kalzium:	8 mg
Kalium:	**300 mg**
Magnesium:	**35 mg**
Phosphor:	**210 mg**
Zink:	0,7 mg
Eisen:	1,3 mg
Selen:	**80 µg**
Silicium (Kieselsäure):	0,2 mg
Jod:	**50 µg**
Kupfer:	0,06 mg
Fett:	**1,0 g**
Eiweiß:	**23,5 g**
Ballaststoffe:	0,0 g
Omega-3-Fettsäuren:	**0,3 g**

Thunfisch aus der Dose ist eiweißreich, fettarm (im eigenen Saft) und liefert vor allem Niacin, B6 und B12 und ist ideal für eine schnelle, nährstoffreiche Mahlzeit.

4.5 Forelle (geräuchert)

Vitamine

Vitamin A (Beta-Carotin):	**35 µg**
Vitamin B1 (Thiamin):	0,10 mg
Vitamin B2 (Riboflavin):	0,20 mg
Vitamin B3 (Niacin):	7,0 mg
Vitamin B5 (Pantothensäure):	0,9 mg
Vitamin B6 (Pyridoxin):	0,5 mg
Vitamin B7 (Biotin):	**12 mg**
Vitamin B12:	4,5 µg
Vitamin D:	6,5 µg
Vitamin E:	1,9 mg

Mineralstoffe & Spurenelemente

Kalzium:	**20 mg**
Kalium:	**320 mg**
Magnesium:	**25 mg**
Phosphor:	**230 mg**
Zink:	0,9 mg
Eisen:	0,9 mg
Selen:	**10 µg**
Silicium (Kieselsäure):	0,3 mg
Jod:	**35 µg**
Kupfer:	0,04 mg
Fett:	**6,0 g**
Eiweiß:	**26 g**
Ballaststoffe:	0,0 g
Omega-3-Fettsäuren:	**1,1 g**

Geräucherte Forelle ist leicht, aromatisch und liefert hochwertiges Eiweiß, viele B-Vitamine und nennenswerte Mengen an Vitamin D.

4.6 Seelachs (gegart)

Vitamine

Vitamin A (Beta-Carotin):	**15 µg**
Vitamin B1 (Thiamin):	0,06 mg
Vitamin B2 (Riboflavin):	0,08 mg
Vitamin B3 (Niacin):	4,5 mg
Vitamin B5 (Pantothensäure):	0,6 mg
Vitamin B6 (Pyridoxin):	0,4 mg
Vitamin B7 (Biotin):	2,0 mg
Vitamin B12:	2,0 µg
Vitamin D:	1,5 µg
Vitamin E:	0,3 mg

Mineralstoffe & Spurenelemente

Kalzium:	**20 mg**
Kalium:	**280 mg**
Magnesium:	**25 mg**
Phosphor:	**210 mg**
Zink:	0,4 mg
Eisen:	0,5 mg
Selen:	**40 µg**
Silicium (Kieselsäure):	0,2 mg
Jod:	**60 µg**
Kupfer:	0,03 mg
Fett:	**1,5 g**
Eiweiß:	**22,0 g**
Ballaststoffe:	0,0 g
Omega-3-Fettsäuren:	**0,3 g**

Seelachs ist ein fettarmer, eiweißreicher Fisch und damit ideal für leichte Gerichte. Er punktet mit Phosphor, Kalium und einem soliden B12-Gehalt.

4.7 Kabeljau (gegart)

Vitamine

Vitamin A (Beta-Carotin):	**10 µg**
Vitamin B1 (Thiamin):	0,05 mg
Vitamin B2 (Riboflavin):	0,10 mg
Vitamin B3 (Niacin):	2,4 mg
Vitamin B5 (Pantothensäure):	0,5 mg
Vitamin B6 (Pyridoxin):	0,3 mg
Vitamin B7 (Biotin):	2,0 mg
Vitamin B12:	1,5 µg
Vitamin D:	1,0 µg
Vitamin E:	0,2 mg

Mineralstoffe & Spurenelemente

Kalzium:	**18 mg**
Kalium:	**270 mg**
Magnesium:	**25 mg**
Phosphor:	**190 mg**
Zink:	0,3 mg
Eisen:	0,4 mg
Selen:	**33 µg**
Silicium (Kieselsäure):	0,2 mg
Jod:	**120 µg**
Kupfer:	0,02 mg
Fett:	**0,7 g**
Eiweiß:	**23,0 g**
Ballaststoffe:	0,0 g
Omega-3-Fettsäuren:	**0,2 g**

Kabeljau ist mild, fettarm und leicht bekömmlich. Er ist eine gute Quelle für hochwertiges Eiweiß, Phosphor und B-Vitamine.

4.8 Sardinen (Dose, in Öl)

Vitamine

Vitamin A (Beta-Carotin):	**70 µg**
Vitamin B1 (Thiamin):	0,05 mg
Vitamin B2 (Riboflavin):	0,30 mg
Vitamin B3 (Niacin):	6,0 mg
Vitamin B5 (Pantothensäure):	0,9 mg
Vitamin B6 (Pyridoxin):	0,4 mg
Vitamin B7 (Biotin):	8,0 mg
Vitamin B12:	8,9 µg
Vitamin D:	**11 µg**
Vitamin E:	1,5 mg

Mineralstoffe & Spurenelemente

Kalzium:	**370 mg**
Kalium:	**380 mg**
Magnesium:	**35 mg**
Phosphor:	**480 mg**
Zink:	1,4 mg
Eisen:	2,9 mg
Selen:	**52 µg**
Silicium (Kieselsäure):	0,3 mg
Jod:	**40 µg**
Kupfer:	**0,05 mg**
Fett:	**12,0 g**
Eiweiß:	**21,0 g**
Ballaststoffe:	0,0 g
Omega-3-Fettsäuren:	**2,2 g**

Sardinen enthalten Gräten und das macht sie zu einer echten Kalziumbombe. Auch Vitamin D, B12 und Omega-3 sind reichlich vorhanden.

4.9 Fischstäbchen (paniert, gegart)

<u>Vitamine</u>

Vitamin A (Beta-Carotin):	**15 µg**
Vitamin B1 (Thiamin):	0,05 mg
Vitamin B2 (Riboflavin):	0,07 mg
Vitamin B3 (Niacin):	2,5 mg
Vitamin B5 (Pantothensäure):	0,4 mg
Vitamin B6 (Pyridoxin):	0,2 mg
Vitamin B7 (Biotin):	3,0 mg
Vitamin B12:	0,9 µg
Vitamin D:	0,9 µg
Vitamin E:	1,0 mg

<u>Mineralstoffe & Spurenelemente</u>

Kalzium:	**20 mg**
Kalium:	**200 mg**
Magnesium:	**18 mg**
Phosphor:	**160 mg**
Zink:	0,3 mg
Eisen:	0,7 mg
Selen:	**20 µg**
Silicium (Kieselsäure):	0,2 mg
Jod:	**40 µg**
Kupfer:	0,04 mg
Fett:	**9,0 g**
Eiweiß:	**12,0 g**
Ballaststoffe:	1,2 g
Omega-3-Fettsäuren:	**0,4 g**

Fischstäbchen liefern weniger Vitamine als frischer Fisch, enthalten aber trotzdem nennenswerte Mengen an Vitamin B12, Phosphor und etwas Vitamin D.

5 Fleisch- und Wurstwaren

5.1 Rindfleisch (mager, gegart)

Vitamine

Vitamin A (Beta-Carotin):	5 µg
Vitamin B1 (Thiamin):	0,06 mg
Vitamin B2 (Riboflavin):	0,23 mg
Vitamin B3 (Niacin):	5,8 mg
Vitamin B5 (Pantothensäure):	0,8 mg
Vitamin B6 (Pyridoxin):	0,4 mg
Vitamin B7 (Biotin):	5,0 µg
Vitamin B12:	2,0 µg
Vitamin D:	0,1 µg
Vitamin E:	0,3 mg

Mineralstoffe & Spurenelemente

Kalzium:	6 mg
Kalium:	**330 mg**
Magnesium:	**20 mg**
Phosphor:	**190 mg**
Zink:	4,4 mg
Eisen:	2,6 mg
Selen:	**20-40 µg**
Silicium (Kieselsäure):	0,4 mg
Jod:	**5,0 µg**
Kupfer:	0,08 mg
Fett:	**6,0 g**
Eiweiß:	**28,0 g**
Ballaststoffe:	0,0 g
Omega-3-Fettsäuren:	**0,05 g**

Mageres Rindfleisch ist reich an Zink, Eisen und Vitamin B12 und ideal für den Muskelaufbau und die Blutbildung.

5.2 Schweinefleisch (mager, gegart)

Vitamine

Vitamin A (Beta-Caotin):	3 µg
Vitamin B1 (Thiamin):	0,9 mg
Vitamin B2 (Riboflavin):	0,22 mg
Vitamin B3 (Niacin):	6,5 mg
Vitamin B5 (Pantothensäure):	1,1 mg
Vitamin B6 (Pyridoxin):	0,5 mg
Vitamin B7 (Biotin):	5,0 µg
Vitamin B12:	1,0 µg
Vitamin D:	0,2 µg
Vitamin E:	0,2 mg

Mineralstoffe & Spurenelemente

Kalzium:	8 mg
Kalium:	**310 mg**
Magnesium:	**22 mg**
Phosphor:	**200 mg**
Zink:	2,1 mg
Eisen:	1,1 mg
Selen:	**20-30 µg**
Silicium (Kieselsäure):	0,3 mg
Jod:	3,0 µg
Kupfer:	0,06 mg
Fett:	**7,0 g**
Eiweiß:	**27 g**
Ballaststoffe:	0,0 g
Omega-3-Fettsäuren:	**0,05 g**

5.3 Hähnchenbrust (gegart)

<u>Vitamine</u>

Vitamin A (Beta-Carotin):	9 µg
Vitamin B1 (Thiamin):	0,07 mg
Vitamin B2 (Riboflavin):	0,10 mg
Vitamin B3 (Niacin):	13,5 mg
Vitamin B5 (Pantothensäure):	1,1 mg
Vitamin B6 (Pyridoxin):	0,6 mg
Vitamin B7 (Biotin):	2,0 µg
Vitamin B12:	0,3 µg
Vitamin D:	0,1 µg
Vitamin E:	0,3 mg
Kalzium:	7 mg

<u>Mineralstoffe & Spurenelemente</u>

Kalium:	**320 mg**
Magnesium:	**25 mg**
Phosphor:	**210 mg**
Zink:	1,0 mg
Eisen:	1,3 mg
Selen:	**15-25 µg**
Silicium (Kieselsäure):	0,2 mg
Jod:	2,0 µg
Kupfer:	0,04 mg
Fett:	**1,5 g**
Eiweiß:	**30,0 g**
Ballaststoffe:	0,0 g
Omega-3-Fettsäuren:	**0,04 g**

Hähnchenbrust ist fettarm, eiweißreich und liefert besonders viel Niacin. Dieses Vitamin ist gut für Haut, Nerven und Energiestoffwechsel.

5.4 Putenfleisch (gegart)

Vitamine

Vitamin A (Beta-Carotin):	8 µg
Vitamin B1 (Thiamin):	0,06 mg
Vitamin B2 (Riboflavin):	0,12 mg
Vitamin B3 (Niacin):	12,0 mg
Vitamin B5 (Pantothensäure):	1,0 mg
Vitamin B6 (Pyridoxin):	0,5 mg
Vitamin B7 (Biotin):	2,0 µg
Vitamin B12:	0,4 µg
Vitamin D:	0,1 µg
Vitamin E:	0,3 mg

Mineralstoffe & Spurenelemente

Kalzium:	6 mg
Kalium:	**330 mg**
Magnesium:	**27 mg**
Phosphor:	**215 mg**
Zink:	1,3 mg
Eisen:	1,5 mg
Selen:	**15-25 µg**
Silicium (Kieselsäure):	0,2 mg
Jod:	3,0 µg
Kupfer:	0,05 mg
Fett:	**1,5 g**
Eiweiß:	**29,0 g**
Ballaststoffe:	0,0 g
Omega-3-Fettsäuren:	**0,04 g**

Pute ist besonders eiweißreich und liefert viel Niacin und Phosphor. Das Fleisch ist beliebt bei Sportlern und in der leichten Küche.

5.5 Hackfleisch (gemischt, gebraten)

Vitamine

Vitamin A (Beta-Carotin):	6 µg
Vitamin B1 (Thiamin):	0,35 mg
Vitamin B2 (Riboflavin):	0,21 mg
Vitamin B3 (Niacin):	6,2 mg
Vitamin B5 (Pantothensäure):	1,0 mg
Vitamin B6 (Pyridoxin):	0,5 mg
Vitamin B7 (Biotin):	5,0 µg
Vitamin B12:	1,5 µg
Vitamin D:	0,2 µg
Vitamin E:	0,3 mg

Mineralstoffe & Spurenelemente

Kalzium:	8 mg
Kalium:	**315 mg**
Magnesium:	**22 mg**
Phosphor:	**195 mg**
Zink:	3,0 mg
Eisen:	2,2 mg
Selen:	**20-30 µg**
Silicium (Kieselsäure):	0,4 mg
Jod:	5,0 µg
Kupfer:	0,07 mg
Fett:	**15 g**
Eiweiß:	**26,0 g**
Ballaststoffe:	0,0 g
Omega-3-Fettsäuren:	**0,06 g**

Gemischtes Hackfleisch ist reich an Eiweiß, Zink und Niacin.

5.6 Rinderleber (gegart)

Vitamine

Vitamin A (Beta-Carotin):	**9.000 µg**
Vitamin B1 (Thiamin):	0,3 mg
Vitamin B2 (Riboflavin):	3,0 mg
Vitamin B3 (Niacin):	**13,0 mg**
Vitamin B5 (Pantothensäure):	6,2 mg
Vitamin B6 (Pyridoxin):	1,0 mg
Vitamin B7 (Biotin):	**103,0 µg**
Vitamin B12:	**60,0 µg**
Vitamin D:	1,7 µg
Vitamin E:	0,5 mg

Mineralstoffe

Kalzium:	9 mg
Kalium:	**330 mg**
Magnesium:	**18 mg**
Phosphor:	**430 mg**
Zink:	5,0 mg
Eisen:	6,9 mg
Selen:	**35 µg**
Silicium (Kieselsäure):	1,0 mg
Jod:	8,0 µg
Kupfer:	0,26 mg
Fett:	**4,0 g**
Eiweiß:	**28,0 g**
Ballaststoffe:	0,0 g
Omega-3-Fettsäuren:	**0,1 g**

Rinderleber ist eines der nährstoffreichsten Lebensmittel überhaupt. Sie ist randvoll mit Vitamin A, B12, Niacin und Zink. Bitte in Maßen genießen!

5.7 Schweineleber (gegart)

Vitamine

Vitamin A (Beta-Carotin):	**22.000 µg**
Vitamin B1 (Thiamin):	0,4 mg
Vitamin B2 (Riboflavin):	2,5 mg
Vitamin B3 (Niacin):	15,0 mg
Vitamin B5 (Pantothensäure):	6,0 mg
Vitamin B6 (Pyridoxin):	0,9 mg
Vitamin B7 (Biotin):	**27 µg**
Vitamin B12:	**39,0 µg**
Vitamin D:	1,0 µg
Vitamin E:	0,6 mg

Mineralstoffe & Spurenelemente

Kalzium:	8 mg
Kalium:	**310 mg**
Magnesium:	**20 mg**
Phosphor:	**400 mg**
Zink:	4,5 mg
Eisen:	**18,0 mg**
Selen:	**58 µg**
Silicium (Kieselsäure):	0,9 mg
Jod:	8,0 µg
Kupfer:	0,28 mg
Fett:	**4,0 g**
Eiweiß:	**27,0 g**
Ballaststoffe:	0,0 g
Omega-3-Fettsäuren:	**0,1 g**

Schweineleber enthält extrem viel Vitamin A (reichert sich im Gewebe des Körpers an!) – daher besser nicht täglich verzehren. Dafür ist sie ein Top-Lieferant für B-Vitamine und Mineralstoffe.

5.8 Salami (luftgetrocknet, 30-35% Fett)

Vitamine

Vitamin A (Beta-Carotin):	**20 µg**
Vitamin B1 (Thiamin):	0,5 mg
Vitamin B2 (Riboflavin):	0,2 mg
Vitamin B3 (Niacin):	6,5 mg
Vitamin B5 (Pantothensäure):	1,0 mg
Vitamin B6 (Pyridoxin):	0,4 mg
Vitamin B7 (Biotin):	5,0 µg
Vitamin B12:	1,7 µg
Vitamin D:	0,3 µg
Vitamin E:	1,0 mg

Mineralstoffe & Spurenelemente

Kalzium:	10 mg
Kalium:	**280 mg**
Magnesium:	**20 mg**
Phosphor:	**180 mg**
Zink:	2,0 mg
Eisen:	2,0 mg
Selen:	6,9 µg
Silicium (Kieselsäure):	0,5 mg
Jod:	4,0 µg
Kupfer:	0,09 mg
Fett:	**34,0 g**
Eiweiß:	**24,0 g**
Ballaststoffe:	0,0 g
Omega-3-Fettsäuren:	**0,12 g**

Salami ist energiereich und liefert trotz hohem Fettgehalt relevante Mengen an B-Vitaminen und Mineralstoffen.

5.9 Lyoner/ Fleischwurst

Vitamine

Vitamin A (Beta-Carotin):	**10 µg**
Vitamin B1 (Thiamin):	0,45 mg
Vitamin B2 (Riboflavin):	0,15 mg
Vitamin B3 (Niacin):	5,5 mg
Vitamin B5 (Pantothensäure):	0,8 mg
Vitamin B6 (Pyridoxin):	0,3 mg
Vitamin B7 (Biotin):	5,0 µg
Vitamin B12:	1,2 µg
Vitamin D:	0,2 µg
Vitamin E:	0,6 mg

Mineralstoffe & Spurenelemente

Kalzium:	9 mg
Kalium:	**260 mg**
Magnesium:	**18 mg**
Phosphor:	**160 mg**
Zink:	1,8 mg
Eisen:	1,5 mg
Selen:	6,1 µg
Silicium (Kieselsäure):	0,4 mg
Jod:	3,0 µg
Kupfer:	0,06 mg
Fett:	**25,0 g**
Eiweiß:	**15,0 g**
Ballaststoffe:	0,0 g
Omega-3-Fettsäuren:	**0,05 g**

Fleischwurst ist mild im Geschmack und enthält trotz hohem Fettanteil einige wichtige Mineralstoffe und B-Vitamine.

5.10 Kochschinken

Vitamine

Vitamin A (Beta-Carotin):	7 µg
Vitamin B1 (Thiamin):	0,60 mg
Vitamin B2 (Riboflavin):	0,14 mg
Vitamin B3 (Niacin) :	6,0 mg
Vitamin B5 (Pantothensäure):	0,9 mg
Vitamin B6 (Pyridoxin):	0,3 mg
Vitamin B7 (Biotin):	5,0 µg
Vitamin B12:	1,5 µg
Vitamin D:	0,2 µg
Vitamin C:	0,3 mg

Mineralstoffe & Spurenelemente

Kalzium:	8 mg
Kalium:	**300 mg**
Magnesium:	**20 mg**
Phosphor:	**180 mg**
Zink:	2,0 mg
Eisen:	1,2 mg
Selen:	**20-30 µg**
Silicium (Kieselsäure):	0,3 mg
Jod:	4,0 µg
Kupfer:	0,05 mg
Fett:	3,5 g
Eiweiß:	21,0 g
Ballaststoffe:	0,0 g
Omega-3-Fettsäuren:	0,04 g

Kochschinken ist fettarm und liefert wertvolles Eiweiß, B-Vitamine sowie nennenswerte Mengen an Zink und Eisen.

5.11 Rohschinken (z. B. Serrano oder Parma)

Vitamine

Vitamin A (Beta-Carotin):	**12 µg**
Vitamin B1 (Thiamin):	0,55 mg
Vitamin B2 (Riboflavin):	0,20 mg
Vitamin B3 (Niacin):	6,2 mg
Vitamin B5 (Pantothensäure):	1,0 mg
Vitamin B6 (Pyridoxin):	0,4 mg
Vitamin B7 (Biotin):	5,0 µg
Vitamin B12:	1,8 µg
Vitamin D:	0,3 µg
Vitamin E:	0,4 mg

Mineralstoffe & Spurenelemente

Kalzium:	**10 mg**
Kalium:	**310 mg**
Magnesium:	**21 mg**
Phosphor:	**190 mg**
Zink:	2,3 mg
Eisen:	1,7 mg
Selen:	**20-30 µg**
Silicium (Kieselsäure):	0,4 mg
Jod:	5,0 µg
Kupfer:	0,07 mg
Fett:	**15,0 g**
Eiweiß:	**25,0 g**
Ballaststoffe:	0,0 g
Omega-3-Fettsäuren:	**0,06 g**

Rohschinken ist aromatisch, eiweißreich und liefert gute Mengen an B-Vitaminen, Eisen und Zink. Durch den hohen Salzgehalt nur in Maßen genießen.

5.12 Hähnchenleber (gegart)

Vitamine

Vitamin A (Beta-Carotin):	**3.300 µg**
Vitamin B1 (Thiamin):	0,26 mg
Vitamin B2 (Riboflavin):	1,8 mg
Vitamin B3 (Niacin):	10,5 mg
Vitamin B5 (Pantothensäure):	6,1 mg
Vitamin B6 (Pyridoxin):	0,9 mg
Vitamin B7 (Biotin):	**10,0 µg**
Vitamin B12:	**17,0 µg**
Vitamin D:	1,3 µg
Vitamin E:	0,4 mg

Mineralstoffe & Spurenelemente

Kalzium:	**12 mg**
Kalium:	**320 mg**
Magnesium:	**24 mg**
Phosphor:	**340 mg**
Zink:	3,8 mg
Eisen:	9,2 mg
Selen:	**40 µg**
Silicium (Kieselsäure):	1,1 mg
Jod:	6,0 µg
Kupfer:	0,23 mg
Fett:	**5,0 g**
Eiweiß:	**27,0 g**
Ballaststoffe:	0,0 g
Omega-3-Fettsäuren:	**0,09 g**

Hähnchenleber ist ein echtes Vitalstoffpaket. Sie ist besonders reich an Vitamin A, Eisen, B12 und Pantothensäure. Nur in Maßen genießen.

5.13 Hackfleisch (Rind, gegart, mager)

Vitamine

Vitamin A (Beta-Carotin):	6 µg
Vitamin B1 (Thiamin):	0,05 mg
Vitamin B2 (Riboflavin):	0,20 mg
Vitamin B3 (Niacin):	6,8 mg
Vitamin B5 (Pantothensäure):	0,9 mg
Vitamin B6 (Pyridoxin):	0,4 mg
Vitamin B7 (Biotin):	5,0 µg
Vitamin B12:	2,5 µg
Vitamin D:	0,1 µg
Vitamin E:	0,3 mg

Mineralstoffe & Spurenelemente

Kalzium:	7 mg
Kalium:	**340 mg**
Magnesium:	**21 mg**
Phosphor:	**200 mg**
Zink:	4,08 mg
Eisen:	2,7 mg
Selen:	**20-40 µg**
Silicium (Kieselsäure):	0,4 mg
Jod:	5,0 µg
Kupfer:	0,08 mg
Fett:	**8,0 g**
Eiweiß:	**27,0 g**
Ballaststoffe:	0,0 g
Omega-3-Fettsäuren:	**0,05 g**

Rinderhack ist reich an Eisen, Zink und Vitamin B12 und besonders beliebt in der eisenreichen Ernährung.

5.14 Hackfleisch (Pute, gegart)

Vitamine

Vitamin A (Beta-Carotin):	9 µg
Vitamin B1 (Thiamin):	0,07 mg
Vitamin B2 (Riboflavin):	0,14 mg
Vitamin B3 (Niacin):	12,5 mg
Vitamin B5 (Pantothensäure):	1,0 mg
Vitamin B6 (Pyridoxin):	0,5 mg
Vitamin B7 (Biotin):	2,0 µg
Vitamin B12:	0,5 µg
Vitamin D:	0,1 µg
Vitamin E:	0,3 mg

Mineralstoffe & Spurenelemente

Kalzium:	7 mg
Kalium:	**330 mg**
Magnesium:	**24 mg**
Phosphor:	**220 mg**
Zink:	1,5 mg
Eisen:	1,3 mg
Selen:	**15-25 µg**
Silicium (Kieselsäure):	0,3 mg
Jod:	4,0 µg
Kupfer:	0,06 mg
Fett:	**5,0 g**
Eiweiß:	**29,0 g**
Ballaststoffe:	0,0 g
Omega-3-Fettsäuren:	**0,04 g**

Putenhack ist fettarm, eiweißreich und liefert vor allem Niacin, Phosphor und Kalium. Es stellt eine leichte und gesunde Alternative zu Rind oder Schwein dar.

5.15 Leberwurst (Schwein, streichfähig)

<u>Vitamine</u>

Vitamin A (Beta-Carotin):	**8.000 µg**
Vitamin B1 (Thiamin):	0,3 mg
Vitamin B2 (Riboflavin):	0,4 mg
Vitamin B3 (Niacin):	4,5 mg
Vitamin B5 (Pantothensäure):	1,2 mg
Vitamin B6 (Pyridoxin):	0,4 mg
Vitamin B7 (Biotin):	5,0 µg
Vitamin B12:	**13,0 µg**
Vitamin D:	0,6 µg
Vitamin E:	0,7 mg

Mineralstoffe & Spurenelemente

Kalzium:	**12 mg**
Kalium:	**220 mg**
Magnesium:	**16 mg**
Phosphor:	**190 mg**
Zink:	2,5 mg
Eisen:	6,0 mg
Selen:	**5-10 µg**
Silicium (Kieselsäure):	0,7 mg
Jod:	6,0 µg
Kupfer:	0,2 mg
Fett:	**35,0 g**
Eiweiß:	**14,0 g**
Ballaststoffe:	0,0 g
Omega-3-Fettsäuren:	**0,08 g**

Leberwurst enthält viel Vitamin A, Eisen und B12 und ist recht fettreich. In kleinen Mengen ist sie ein wertvoller Nährstofflieferant. Große Mengen sind jedoch nicht zu empfehlen, da Vitamin A fettlöslich ist und sich im Körper anreichern kann.

5.16 Chicken-Wings (gegart, mit Haut und Knochen)

Vitamine

Vitamin A (Beta-Carotin):	**70 µg**
Vitamin B1 (Thiamin):	0,07 mg
Vitamin B2 (Riboflavin):	0,12 mg
Vitamin B3 (Niacin):	7,5 mg
Vitamin B5 (Pantothensäure):	1,0 mg
Vitamin B6 (Pyridoxin):	0,4 mg
Vitamin B7 (Biotin):	2,0 µg
Vitamin B12:	0,3 µg
Vitamin D:	0,2 µg
Vitamin E:	0,5 mg

Mineralstoffe & Spurenelemente

Kalzium:	9 mg
Kalium:	**260 mg**
Magnesium:	**22 mg**
Phosphor:	**190 mg**
Zink:	1,1 mg
Eisen:	1,4 mg
Selen:	**15-25 µg**
Silicium (Kieselsäure):	0,2 mg
Jod:	4,0 µg
Kupfer:	0,05 mg
Fett:	**12,0 g**
Eiweiß:	**21,0 g**
Ballaststoffe:	0,0 g
Omega-3-Fettsäuren:	**0,05 g**

Chicken Wings enthalten gutes Eiweiß, B-Vitamine und Mineralstoffe wie Eisen und Zink.

5.17 Brathähnchen (gegart, Durchschnitt aus Brust, Keule, Haut & Fettanteil, Menge pro 100 g essbarer Anteil)

<u>Vitamine</u>

Vitamin A (Beta-Carotin):	**65 µg**
Vitamin B1 (Thiamin):	0,07 mg
Vitamin B2 (Riboflavin):	0,14 mg
Vitamin B3 (Niacin):	9,5 mg
Vitamin B5 (Pantothensäure):	1,1 mg
Vitamin B6 (Pyridoxin):	0,5 mg
Vitamin B7 (Biotin):	2,0 µg
Vitamin B12:	0,4 µg
Vitamin D:	0,2 µg
Vitamin E:	0,4 mg

Mineralstoffe & Spurenelemente

Kalzium:	**11 mg**
Kalium:	**300 mg**
Magnesium:	**24 mg**
Phosphor:	**210 mg**
Zink:	1,2 mg
Eisen:	1,5 mg
Selen:	**15-25 µg**
Silicium (Kieselsäure):	0,2 mg
Jod:	4,0 µg
Kupfer:	0,05 mg
Fett:	**9,0 g**
Eiweiß:	**25,0 g**
Ballaststoffe:	0,0 g
Omega-3-Fettsäuren:	**0,05 g**

Brathähnchen liefert eine gute Kombination aus Eiweiß, B-Vitaminen und Eisen.

Generell ist festzuhalten, dass weißes Fleisch gesünder ist, da es mager ist und vergleichsweise weniger Fett enthält. Rotes Fleisch, wie Schwein oder Rind (nicht mager) sollte in der Woche nicht zu oft verzehrt werden, da sie vergleichsweise hohe Mengen an Fett enthalten.

6 Hülsenfrüchte

6.1 Linsen (getrocknet)

Vitamine

Vitamin A (Beta-Carotin):	8 µg
Vitamin B1 (Thiamin):	0,50 mg
Vitamin B2 (Riboflavin):	0,20 mg
Vitamin B3 (Niacin):	2,6 mg
Vitamin B5 (Pantothensäure):	1,5 mg
Vitamin B6 (Pyridoxin):	0,60 mg
Vitamin B7 (Biotin):	8,0 µg
Vitamin B9 (Folat):	**120 µg**
Vitamin C	4 mg
Vitamin E:	0,5 mg

Mineralstoffe & Spurenelemente

Kalzium:	**64 mg**
Kalium:	**940 mg**
Magnesium:	**130 mg**
Phosphor:	**280 mg**
Zink:	3,7 mg
Eisen:	7,5 mg
Selen:	2,0 µg
Silicium (Kieselsäure):	8,5 mg
Jod:	3,0 µg
Kupfer:	0,75 mg
Fett:	**1,6 g**
Eiweiß:	**24,0 g**
Ballaststoffe:	**17,0 g**
Omega-3-Fettsäuren:	**0,2 g**

6.2 Kichererbsen (getrocknet)

<u>Vitamine</u>

Vitamin A (Beta-Carotin):	3 µg
Vitamin B1 (Thiamin):	0,45 mg
Vitamin B2 (Riboflavin):	0,18 mg
Vitamin B3 (Niacin):	2,9 mg
Vitamin B5 (Pantothensäure):	1,3 mg
Vitamin B6 (Pyridoxin):	0,60 mg
Vitamin B7 (Biotin):	8,0 µg
Vitamin B9 (Folat):	**340 µg**
Vitamin C:	4 mg
Vitamin E:	0,8 mg

<u>Mineralstoffe & Spurenelemente</u>

Kalzium:	**124 mg**
Kalium:	**875 mg**
Magnesium:	**140 mg**
Phosphor:	**280 mg**
Zink:	2,5 mg
Eisen	6,1 mg
Selen:	9,0 µg
Silicium (Kieselsäure):	6,9 mg
Jod:	3,0 µg
Kupfer:	0,85 mg
Fett:	**6,0 g**
Eiweiß:	**20,5 g**
Ballaststoffe:	**15,5 g**
Omega-3-Fettsäuren:	**0,3 g**

6.3 Rote Linsen (getrocknet)

Vitamine

Vitamin A (Beta-Carotin):	5 µg
Vitamin B1 (Thiamin):	0,55 mg
Vitamin B2 (Riboflavin):	0,20 mg
Vitamin B3 (Niacin):	2,7 mg
Vitamin B5 (Pantothensäure):	1,5 mg
Vitamin B6 (Pyridoxin):	0,50 mg
Vitamin B7 (Biotin):	8,0 µg
Vitamin B9 (Folat):	**190 µg**
Vitamin C:	3 mg
Vitamin E:	0,6 mg

Mineralstoffe & Spurenelemente

Kalzium:	**70 mg**
Kalium:	**940 mg**
Magnesium:	**120 mg**
Phosphor:	**280 mg**
Zink:	3,0 mg
Eisen:	6,5 mg
Selen:	2,0 µg
Silicium (Kieselsäure):	8,2 mg
Jod:	3,0 µg
Kupfer:	0,6 mg
Fett:	**1,6 g**
Eiweiß:	**25,0 g**
Ballaststoffe:	**11,0 g**
Omega-3-Fettsäuren:	**0,2 g**

6.4 Schwarze Bohnen

Vitamine

Vitamin A (Beta-Carotin):	2 µg
Vitamin B1 (Thiamin):	0,42 mg
Vitamin B2 (Riboflavin):	0,21 mg
Vitamin B3 (Niacin):	2,1 mg
Vitamin B5 (Pantothensäure):	0,9 mg
Vitamin B6 (Pyridoxin):	0,40 mg
Vitamin B7 (Biotin):	7,0 µg
Vitamin B9 (Folat):	**150 µg**
Vitamin C:	2 mg
Vitamin E:	0,7 mg

Mineralstoffe & Spurenelemente

Kalzium:	**140 mg**
Kalium:	**1.500 mg**
Magnesium:	**160 mg**
Phosphor:	**380 mg**
Zink:	2,8 mg
Eisen:	8,7 mg
Selen:	3,0 µg
Silicium (Kieselsäure):	7,4 mg
Jod:	2,0 µg
Kupfer:	0,83 mg
Fett:	**0,9 g**
Eiweiß:	**23,0 g**
Ballaststoffe:	**16,6 g**
Omega-3-Fettsäuren:	**0,2 g**

6.5 Weiße Bohnen

Vitamine

Vitamin A (Beta-Carotin):	0 µg
Vitamin B1 (Thiamin):	0,60 mg
Vitamin B2 (Riboflavin):	0,15 mg
Vitamin B3 (Niacin):	2,2 mg
Vitamin B5 (Pantothensäure):	0,9 mg
Vitamin B6 (Pyridoxin):	0,30 mg
Vitamin B7 (Biotin):	7,0 µg
Vitamin B9 (Folat):	**200 µg**
Vitamin C:	2 mg
Vitamin E:	0,6 mg

Mineralstoffe & Spurenelemente

Kalzium:	**160 mg**
Kalium:	**1.790 mg**
Magnesium:	**190 mg**
Phosphor:	**420 mg**
Zink:	3,7 mg
Eisen:	6,0 mg
Selen:	3,0 µg
Silicium (Kieselsäure):	6,8 mg
Jod:	2,0 µg
Kupfer:	0,79 mg
Fett:	**1,2 g**
Eiweiß:	**21,0 g**
Ballaststoffe:	**23,0 g**
Omega-3-Fettsäuren:	**0,2 g**

In getrocknetem Zustand sind Hülsenfrüchte leichter vergleichbar, da kein Wasser den Gehalt „verwässert". So sieht man direkt, wie nährstoffreich sie wirklich sind. Alle Angaben der Hülsenfrüchte beziehen sich theoretisch auf den getrockneten Zustand.

6.6 Sojabohnen (getrocknet)

Vitamine

Vitamin A (Beta-Carotin):	1 µg
Vitamin B1 (Thiamin):	0,85 mg
Vitamin B2 (Riboflavin):	0,30 mg
Vitamin B3 (Niacin):	2,2 mg
Vitamin B5 (Pantothensäure):	2,2 mg
Vitamin B6 (Pyridoxin):	0,40 mg
Vitamin B7 (Biotin):	**60,0 µg**
Vitamin B9 (Folat):	**200 µg**
Vitamin C:	6 mg
Vitamin E:	0,9 mg

Mineralstoffe & Spurenelemente

Kalzium:	**277 mg**
Kalium:	**1.800 mg**
Magnesium:	**220 mg**
Phosphor:	**550 mg**
Zink:	4,2 mg
Eisen:	8,6 mg
Selen:	**17,0 µg**
Silicium (Kieselsäure):	5,5 mg
Jod:	4,0 µg
Kupfer:	1,7 mg
Fett:	**18,0 g**
Eiweiß:	**36,0 g**
Ballaststoffe:	**21,0 g**
Omega-3-Fettsäuren:	**1,0 g**

Der Kochzustand variiert stark in Bezug auf den Nährstoffgehalt.

6.7 Erbsen (getrocknet)

Vitamine

Vitamin A (Beta-Carotin):	**40 µg**
Vitamin B1 (Thiamin):	0,55 mg
Vitamin B2 (Riboflavin):	0,15 mg
Vitamin B3 (Niacin):	2,5 mg
Vitamin B5 (Pantothensäure):	1,8 mg
Vitamin B6 (Pyridoxin):	0,30 mg
Vitamin B7 (Biotin):	5,0 µg
Vitamin B9 (Folat):	**250 µg**
Vitamin C:	1 mg
Vitamin E:	0,6 mg

Mineralstoffe & Spurenelemente

Kalzium:	**115 mg**
Kalium:	**980 mg**
Magnesium:	**110 mg**
Phosphor:	**330 mg**
Zink:	3,0 mg
Eisen:	5,0 mg
Selen:	4,0 µg
Silicium (Kieselsäure):	5,9 mg
Jod:	3,0 µg
Kupfer:	0,9 mg
Fett:	**1,4 g**
Eiweiß:	**23,0 g**
Ballaststoffe:	**18,0 g**
Omega-3-Fettsäuren:	**0,2 g**

Nach dem Kochen verändern sich Gewicht und Volumen stark. Je nach Zubereitung (weich gekocht, al dente, mit oder ohne Einweichen). Das macht die Werte weniger einheitlich.

6.8 Lupinenkerne (getrocknet)

<u>Vitamine</u>

Vitamin A (Beta-Carotin):	1 µg
Vitamin B1 (Thiamin):	0,33 mg
Vitamin B2 (Riboflavin):	0,15 mg
Vitamin B3 (Niacin):	2,1 mg
Vitamin B5 (Pantothensäure):	2,0 mg
Vitamin B6 (Pyridoxin):	0,50 mg
Vitamin B7 (Biotin):	**10,0 µg**
Vitamin B9 (Folat):	**190 µg**
Vitamin C:	1 mg
Vitamin E:	1,0 mg

<u>Mineralstoffe & Spurenelemente</u>

Kalzium:	**176 mg**
Kalium:	**1.010 mg**
Magnesium:	**198 mg**
Phosphor:	**440 mg**
Zink:	3,5 mg
Eisen:	4,4 mg
Selen:	8,0 µg
Silicium (Kieselsäure):	9,0 mg
Jod:	3,0 µg
Kupfer:	0,95 mg
Fett:	**6,0 g**
Eiweiß:	**35,0 g**
Ballaststoffe:	**19,0 g**
Omega-3-Fettsäuren:	**0,3 g**

6.9 Kidneybohnen (getrocknet)

Vitamine

Vitamin A (Beta-Carotin):	2 µg
Vitamin B1 (Thiamin):	0,52 mg
Vitamin B2 (Riboflavin):	0,15 mg
Vitamin B3 (Niacin):	2,1 mg
Vitamin B5 (Pantothensäure):	0,9 mg
Vitamin B6 (Pyridoxin):	0,30 mg
Vitamin B7 (Biotin):	7,0 µg
Vitamin B9 (Folat):	**130 µg**
Vitamin C:	2 mg
Vitamin E:	0,6 mg

Mineralstoffe & Spurenelemente

Kalzium:	**143 mg**
Kalium:	**1.400 mg**
Magnesium:	**140 mg**
Phosphor:	**410 mg**
Zink:	2,8 mg
Eisen:	6,7 mg
Selen:	3,0 µg
Silicium (Kieselsäure):	7,1 mg
Jod:	2,0 µg
Kupfer:	0,83 mg
Fett:	**1,0 g**
Eiweiß:	**23,5 g**
Ballaststoffe:	**24,0 g**
Omega-3-Fettsäuren:	**0,2 g**

6.10 Mungobohnen (getrocknet)

Vitamine

Vitamin A (Beta-Carotin):	3 µg
Vitamin B1 (Thiamin):	0,62 mg
Vitamin B2 (Riboflavin):	0,14 mg
Vitamin B3 (Niacin):	2,3 mg
Vitamin B5 (Pantothensäure):	1,0 mg
Vitamin B6 (Pyridoxin):	0,38 mg
Vitamin B7 (Biotin):	6,0 µg
Vitamin B9 (Folat):	**625 µg**
Vitamin C:	4 mg
Vitamin E:	0,7 mg

Mineralstoffe & Spurenelemente

Kalzium:	**132 mg**
Kalium:	**1.240 mg**
Magnesium:	**130 mg**
Phosphor:	**370 mg**
Zink:	2,7 mg
Eisen:	6,7 mg
Selen:	3,0 µg
Silicium (Kieselsäure):	6,3 mg
Jod:	2,0 µg
Kupfer:	0,7 mg
Fett:	**1,2 g**
Eiweiß:	**23,9 g**
Ballaststoffe:	**16,0 g**
Omega-3-Fettsäuren:	**0,3 g**

6.11 Grüne Bohnen (getrocknet)

<u>Vitamine</u>

Vitamin A (Beta-Carotin):	**35 µg**
Vitamin B1 (Thiamin):	0,30 mg
Vitamin B2 (Riboflavin):	0,10 mg
Vitamin B3 (Niacin):	1,8 mg
Vitamin B5 (Pantothensäure):	0,9 mg
Vitamin B6 (Pyridoxin):	0,20 mg
Vitamin B7 (Biotin):	7,0 µg
Vitamin B9 (Folat):	**160 µg**
Vitamin C:	2 mg
Vitamin E:	0,4 mg

<u>Mineralstoffe & Spurenelemente</u>

Kalzium:	**120 mg**
Kalium:	**1.100 mg**
Magnesium:	**100 mg**
Phosphor:	**260 mg**
Zink:	2,0 mg
Eisen:	5,2 mg
Selen:	3,0 µg
Silicium (Kieselsäure):	5,6 mg
Jod:	2,0 µg
Kupfer:	0,65 mg
Fett:	**0,8 g**
Eiweiß:	**21,5 g**
Ballaststoffe:	**18,0 g**
Omega-3-Fettsäuren:	**0,2 g**

7 Küchenkräuter

7.1 Petersilie (frisch)

Vitamine

Vitamin A (Beta-Carotin):	**1.335 µg**
Vitamin B1 (Thiamin):	0,09 mg
Vitamin B2 (Riboflavin):	0,40 mg
Vitamin B3 (Niacin):	1,9 mg
Vitamin B5 (Pantothensäure):	0,3 mg
Vitamin B6 (Pyridoxin):	0,25 mg
Vitamin B7 (Biotin):	5,0 µg
Vitamin B9 (Folat):	**170 µg**
Vitamin C:	**160 mg**
Vitamin E:	3,7 mg

Mineralstoffe & Spurenelemente

Kalzium:	**190 mg**
Kalium:	**790 mg**
Magnesium:	**50 mg**
Phosphor:	**60 mg**
Zink:	1,3 mg
Eisen:	6,2 mg
Selen:	1,0 µg
Silicium (Kieselsäure):	2,5 mg
Jod:	8,0 µg
Kupfer:	0,15 mg
Fett:	**0,4 g**
Eiweiß:	**3,7 g**
Ballaststoffe:	**3,3 g**
Omega-3-Fettsäuren:	**0,09 g**

Reich an Flavonoiden (z. B. Apigenin) und ätherischen Ölen wie Myristicin und Apiol. Das Fett bezieht sich bei den Küchenkräutern auf die enthaltenen ätherischen Öle.

7.2 Schnittlauch (frisch)

Vitamine

Vitamin A (Beta-Carotin):	**435 µg**
Vitamin B1 (Thiamin):	0,06 mg
Vitamin B2 (Riboflavin):	0,12 mg
Vitamin B3 (Niacin):	1,0 mg
Vitamin B5 (Pantothensäure):	0,3 mg
Vitamin B6 (Pyridoxin):	0,14 mg
Vitamin B7 (Biotin):	7,0 µg
Vitamin B9 (Folat):	**105 µg**
Vitamin C:	**150 mg**
Vitamin E:	1,8 mg

Mineralstoffe & Spurenelemente

Kalzium:	**100 mg**
Kalium:	**300 mg**
Magnesium:	**35 mg**
Phosphor:	**45 mg**
Zink:	0,4 mg
Eisen:	2,1 mg
Selen:	0,5 µg
Silicium (Kieselsäure):	2,8 mg
Jod:	10,0 µg
Kupfer:	0,18 mg
Fett:	**0,7 g**
Eiweiß:	**3,3 g**
Ballaststoffe:	**2,7 g**
Omega-3-Fettsäuren:	**0,12 g**

Enthält Sulfide, insbesondere Alliin, das beim Schneiden in Allicin umgewandelt wird.

7.3 Basilikum (frisch)

Vitamine

Vitamin A (Beta-Carotin):	**264 µg**
Vitamin B1 (Thiamin):	0,03 mg
Vitamin B2 (Riboflavin):	0,08 mg
Vitamin B3 (Niacin):	1,0 mg
Vitamin B5 (Pantothensäure):	0,2 mg
Vitamin B6 (Pyridoxin):	0,15 mg
Vitamin B7 (Biotin):	6,0 µg
Vitamin B9 (Folat):	**68 µg**
Vitamin C:	**18 mg**
Vitamin E:	0,8 mg

Mineralstoffe & Spurenelemente

Kalzium:	**177 mg**
Kalium:	**295 mg**
Magnesium:	**64 mg**
Phosphor:	**56 mg**
Zink:	0,8 mg
Eisen:	3,2 mg
Selen:	0,3 µg
Silicium (Kieselsäure):	2,3 mg
Jod:	7,0 µg
Kupfer:	0,17 mg
Fett:	**0,6 g**
Eiweiß:	**3,2 g**
Ballaststoffe:	**1,6 g**
Omega-3-Fettsäuren:	**0,1 g**

Basilikum enthält hauptsächlich ätherische Öle wie Estragol, Linalool und Eugenol.

7.4 Thymian (frisch)

Vitamine

Vitamin A (Beta-Carotin):	**400 µg**
Vitamin B1 (Thiamin):	0,48 mg
Vitamin B2 (Riboflavin):	0,40 mg
Vitamin B3 (Niacin):	1,6 mg
Vitamin B5 (Pantothensäure):	0,5 mg
Vitamin B6 (Pyridoxin):	0,55 mg
Vitamin B7 (Biotin):	**15,0 µg**
Vitamin B9 (Folat):	**45 µg**
Vitamin C:	**160 mg**
Vitamin E:	0,8 mg

Mineralstoffe & Spurenelemente

Kalzium:	**405 mg**
Kalium:	**814 mg**
Magnesium:	**220 mg**
Phosphor:	**120 mg**
Zink:	1,8 mg
Eisen:	20,0 mg
Selen:	4,0 µg
Silicium (Kieselsäure):	3,1 mg
Jod:	9,0 µg
Kupfer:	0,16 mg
Fett:	**1,7 g**
Eiweiß:	**5,6 g**
Ballaststoffe:	**6,6 g**
Omega-3-Fettsäuren:	**0,27 g**

Thymian ist reich an ätherischen Ölen, insbesondere Thymol und Carvacrol.

7.5 Rosmarin (frisch)

Vitamine

Vitamin A (Beta-Carotin):	**292 µg**
Vitamin B1 (Thiamin):	0,04 mg
Vitamin B2 (Riboflavin):	0,15 mg
Vitamin B3 (Niacin):	0,9 mg
Vitamin B5 (Pantothensäure):	0,7 mg
Vitamin B6 (Pyridoxin):	0,34 mg
Vitamin B7 (Biotin):	7,0 µg
Vitamin B9 (Folat):	**109 µg**
Vitamin C:	**21 mg**
Vitamin E:	4,0 mg

Mineralstoffe & Inhaltsstoffe

Kalzium:	**317 mg**
Kalium:	**668 mg**
Magnesium:	**91 mg**
Phosphor:	**66 mg**
Zink:	0,9 mg
Eisen:	6,7 mg
Selen:	2,0 µg
Silicium (Kieselsäure):	3,5 mg
Jod:	8,0 µg
Kupfer:	0,3 mg
Fett:	**2,0 g**
Eiweiß:	**3,3 g**
Ballaststoffe:	**5,0 g**
Omega-3-Fettsäuren:	**0,25 g**

Rosmarin enthält ätherische Öle wie 1,8-Cineol, Campher und Borneol.

7.6 Oregano (frisch)

Vitamine

Vitamin A (Beta-Carotin):	**85 µg**
Vitamin B1 (Thiamin):	0,17 mg
Vitamin B2 (Riboflavin):	0,32 mg
Vitamin B3 (Niacin):	6,2 mg
Vitamin B5 (Pantothensäure):	0,8 mg
Vitamin B6 (Pyridoxin):	0,90 mg
Vitamin B7 (Biotin):	8,0 µg
Vitamin B9 (Folat):	**274 µg**
Vitamin C:	**50 mg**
Vitamin E:	2,3 mg

Mineralstoffe & Spuenelemente

Kalzium:	**160 mg**
Kalium:	**1.260 mg**
Magnesium:	**270 mg**
Phosphor:	**100 mg**
Zink:	1,1 mg
Eisen:	4,4 mg
Selen:	3,0 µg
Silicium (Kieselsäure):	2,9 mg
Jod:	6,0 µg
Kupfer:	0,2 mg
Fett:	**1,0 g**
Eiweiß:	**4,3 g**
Ballaststoffe:	**4,5 g**
Omega-3-Fettsäuren:	**0,22 g**

Hauptbestandteile sind ätherische Öle wie Carvacrol und Thymol.

7.7 Salbei (frisch)

Vitamine

Vitamin A (Beta-Carotin):	**295 µg**
Vitamin B1 (Thiamin):	0,75 mg
Vitamin B2 (Riboflavin):	0,34 mg
Vitamin B3 (Niacin):	5,7 mg
Vitamin B5 (Pantothensäure):	0,5 mg
Vitamin B6 (Pyridoxin):	2,7 mg
Vitamin B7 (Biotin):	6,0 µg
Vitamin B9 (Folat):	**274 µg**
Vitamin C:	**32 mg**
Vitamin E:	7,5 mg

Mineralstoffe & Spurenelemente

Kalzium:	**600 mg**
Kalium:	**1.070 mg**
Magnesium:	**428 mg**
Phosphor:	91 mg
Zink:	4,7 mg
Eisen:	7,9 mg
Selen:	2,0 µg
Silicium (Kieselsäure):	3,3 mg
Jod:	5,0 µg
Kupfer:	0,26 mg
Fett:	**1,3 g**
Eiweiß:	**3,2 g**
Ballaststoffe:	**4,0 g**
Omega-3-Fettsäuren:	**0,2 g**

Salbei ist reich an ätherischen Ölen wie Thujon, 1,8-Cineol und Borneol.

7.8 Koriandergrün (frisch)

Vitamine

Vitamin A (Beta-Carotin):	**3.370 µg**
Vitamin B1 (Thiamin):	0,08 mg
Vitamin B2 (Riboflavin):	0,26 mg
Vitamin B3 (Niacin):	2,1 mg
Vitamin B5 (Pantothensäure):	0,4 mg
Vitamin B6 (Pyridoxin):	0,15 mg
Vitamin B7 (Biotin):	7,0 µg
Vitamin B9 (Folat):	**62 µg**
Vitamin C:	**27 mg**
Vitamin E:	2,5 mg

Mineralstoffe & Spurenelemente

Kalzium:	**67 mg**
Kalium:	**520 mg**
Magnesium:	**26 mg**
Phosphor:	**48 mg**
Zink:	0,5 mg
Eisen:	1,8 mg
Selen:	1,0 µg
Silicium (Kieselsäure):	2,4 mg
Jod:	5,0 µg
Kupfer:	0,12 mg
Fett:	**0,5 g**
Eiweiß:	**2,1 g**
Ballaststoffe:	**3,0 g**
Omega-3-Fettsäuren:	**0,07 g**

Koriander enthält ätherische Öle wie Linalool und Borneol.

7.9 Dill (frisch)

Vitamine

Vitamin A (Beta-Carotin):	**7.000 µg**
Vitamin B1 (Thiamin):	0,20 mg
Vitamin B2 (Riboflavin):	0,30 mg
Vitamin B3 (Niacin):	2,2 mg
Vitamin B5 (Pantothensäure):	0,2 mg
Vitamin B6 (Pyridoxin):	0,30 mg
Vitamin B7 (Biotin):	5,0 µg
Vitamin B9 (Folat):	**150 µg**
Vitamin C:	**100 mg**
Vitamin E:	1,7 mg

Mineralstoffe & Spurenelemente

Kalzium:	**208 mg**
Kalium:	**738 mg**
Magnesium:	**55 mg**
Phosphor:	**66 mg**
Zink:	1,0 mg
Eisen:	6,6 mg
Selen:	0,5 µg
Silicium (Kieselsäure):	2,2 mg
Jod:	6,0 µg
Kupfer:	0,14 mg
Fett:	**0,5 g**
Eiweiß:	**2,5 g**
Ballaststoffe:	**2,1 g**
Omega-3-Fettsäuren:	**0,08 g**

Dill enthält hauptsächlich ätherische Öle wie Carvon und Limonen.

7.10 Liebstöckel (auch als „Maggikraut" bekannt)

Vitamine

Vitamin A (Beta-Carotin):	**300 µg**
Vitamin B1 (Thiamin):	0,09 mg
Vitamin B2 (Riboflavin):	0,24 mg
Vitamin B3 (Niacin):	1,8 mg
Vitamin B5 (Pantothensäure):	0,4 mg
Vitamin B6 (Pyridoxin):	0,16 mg
Vitamin B7 (Biotin):	6,0 µg
Vitamin B9 (Folat):	**110 µg**
Vitamin C:	**50 mg**
Vitamin E:	1,0 mg

Mineralstoffe & Spurenelemente

Kalzium:	**230 mg**
Kalium:	**980 mg**
Magnesium:	**90 mg**
Phosphor:	**75 mg**
Zink:	2,4 mg
Eisen:	8,0 mg
Selen:	1,0 µg
Silicium (Kieselsäure):	2,6 mg
Jod:	9,0 µg
Kupfer:	0,13 mg
Fett:	**0,4 g**
Eiweiß:	**3,2 g**
Ballaststoffe:	**3,0 g**
Omega-3-Fettsäuren:	**0,09 g**

Liebstöckel ist reich an ätherischen Ölen wie Phthalide, die
für das typische Aroma verantwortlich sind.

7.11 Majoran

Vitamine

Vitamin A (Beta-Carotin):	**300 µg**
Vitamin B1 (Thiamin):	0,09 mg
Vitamin B2 (Riboflavin):	0,24 mg
Vitamin B3 (Niacin):	1,8 mg
Vitamin B5 (Pantothensäure):	0,9 mg
Vitamin B6 (Pyridoxin):	0,16 mg
Vitamin B7 (Biotin):	9,0 µg
Vitamin B9 (Folat):	**110 µg**
Vitamin C:	**50 mg**
Vitamin E:	1,0 mg

Mineralstoffe & Spurenelemente

Kalzium:	**230 mg**
Kalium:	**980 mg**
Magnesium:	**90 mg**
Phosphor:	**75 mg**
Zink:	2,4 mg
Eisen:	8,0 mg
Selen:	3,0 µg
Silicium (Kieselsäure):	2,7 mg
Jod:	10,0 µg
Kupfer:	0,22 mg
Fett:	**1,7 g**
Eiweiß:	**4,1 g**
Ballaststoffe:	**6,0 g**
Omega-3-Fettsäuren:	**0,2 g**

Majoran enthält ätherische Öle wie Terpinen-4-ol, Thymol und Carvacrol.

7.12 Minze

Vitamine

Vitamin A (Beta-Carotin):	**5.280 µg**
Vitamin B1 (Thiamin):	0,08 mg
Vitamin B2 (Riboflavin):	0,25 mg
Vitamin B3 (Niacin):	1,0 mg
Vitamin B5 (Pantothensäure):	0,2 mg
Vitamin B6 (Pyridoxin):	0,16 mg
Vitamin B7 (Biotin):	6 µg
Vitamin B9 (Folat):	**105 µg**
Vitamin C:	**30 mg**
Vitamin E:	5 mg

Mineralstoffe & Spurenelemente

Kalzium:	**200 mg**
Kalium:	**600 mg**
Magnesium:	**60 mg**
Phosphor:	**60 mg**
Zink:	1,1 mg
Eisen:	5,0 mg
Selen:	1,0 µg
Silicium (Kieselsäure):	2,5 mg
Jod:	7,0 µg
Kupfer:	0,19 mg
Fett:	**0,6 g**
Eiweiß:	**3,8 g**
Ballaststoffe:	**2,0 g**
Omega-3-Fettsäuren:	**0,11 g**

Der Hauptbestandteil von Minze ist das ätherische Öl Menthol.

Die sekundären Pflanzenstoffe dieser Kräuter tragen nicht nur zum charakteristischen Aroma der Kräuter bei, sondern haben oft auch gesundheitliche Vorteile, wie antioxidative, entzündungshemmende oder antimikrobielle Wirkungen.

8 Nüsse

8.1 Mandeln (ungeröstet, ungesalzen)

Vitamine

Vitamin A (Beta-Carotin):	1 µg
Vitamin B1 (Thiamin):	0,21 mg
Vitamin B2 (Riboflavin):	1,10 mg
Vitamin B3 (Niacin):	3,0 mg
Vitamin B5 (Pantothensäure):	0,3 mg
Vitamin B6 (Pyridoxin):	0,14 mg
Vitamin B7 (Biotin):	**10,0 µg**
Vitamin B9 (Folat):	**50 µg**
Vitamin C:	0 mg
Vitamin E:	**25,6 mg**

Mineralstoffe & Spurenelemente

Kalzium:	**252 mg**
Kalium:	**780 mg**
Magnesium:	**170 mg**
Phosphor:	**480 mg**
Zink:	2,8 mg
Eisen:	4,1 mg
Selen:	4,0 µg
Silicium (Kieselsäure):	8,0 mg
Jod:	2,0 µg
Kupfer:	1,0 mg
Fett:	**54 g**
Eiweiß:	**19,0 g**
Ballaststoffe:	**12,5 g**
Omega-3-Fettsäuren:	**0,05 g**

8.2 Haselnuss (ungeröstet, ungesalzen)

Vitamine

Vitamin A (Beta-Carotin):	3 µg
Vitamin B1 (Thiamin):	0,45 mg
Vitamin B2 (Riboflavin):	0,05 mg
Vitamin B3 (Niacin):	1,8 mg
Vitamin B5 (Pantothensäure):	0,6 mg
Vitamin B6 (Pyridoxin):	0,30 mg
Vitamin B7 (Biotin):	**20,0 µg**
Vitamin B9 (Folat):	**70 µg**
Vitamin C:	1 mg
Vitamin E:	**15,0 mg**

Mineralstoffe & Spurenelemente

Kalzium:	**225 mg**
Kalium:	**680 mg**
Magnesium:	**160 mg**
Phosphor:	**290 mg**
Zink:	2,5 mg
Eisen:	3,3 mg
Selen:	2,0 µg
Silicium (Kieselsäure):	7,5 mg
Jod:	2,0 µg
Kupfer:	1,1 mg
Fett:	**62 g**
Eiweiß:	**14,0 g**
Ballaststoffe:	**8,2 g**
Omega-3-Fettsäuren:	**0,09 g**

8.3 Walnuss (ungeröstet, ungesalzen)

Vitamine

Vitamin A (Beta-Carotin):	1 µg
Vitamin B1 (Thiamin):	0,34 mg
Vitamin B2 (Riboflavin):	0,15 mg
Vitamin B3 ((Niacin):	1,1 mg
Vitamin B5 (Pantothensäure):	0,57 mg
Vitamin B6 (Pyridoxin):	0,87 mg
Vitamin B7 (Biotin):	**19 µg**
Vitamin B9 (Folat):	**98 µg**
Vitamin C:	1 mg
Vitamin E:	0,7 mg

Mineralstoffe & Spurenelemente

Kalzium:	**98 mg**
Kalium:	**440 mg**
Magnesium:	**120 mg**
Phosphor:	**380 mg**
Zink:	2,7 mg
Eisen:	2,6 mg
Selen:	4,0 µg
Silicium (Kieselsäure):	6,9 mg
Jod:	3,0 µg
Kupfer:	1,6 mg
Fett:	**65,0 g**
Eiweiß:	**15 g**
Ballaststoffe:	**6,7 g**
Omega-3-Fettsäuren:	**9,0 g**

8.4 Cashewkerne (ungeröstet, ungesalzen)

Vitamine

Vitamin A (Beta-Carotin):	0 µg
Vitamin B1 (Thiamin):	0,63 mg
Vitamin B2 (Riboflavin):	0,06 mg
Vitamin B3 (Niacin):	1,1 mg
Vitamin B5 (Pantothensäure):	1,2 mg
Vitamin B6 (Pyridoxin):	0,42 mg
Vitamin B7 (Biotin):	7,0 µg
Vitamin B9 (Folat):	**25 µg**
Vitamin C:	0 mg
Vitamin E:	0,9 mg

Mineralstoffe & Spurenelemente

Kalzium:	**45 mg**
Kalium:	**565 mg**
Magnesium:	**270 mg**
Phosphor:	**490 mg**
Zink:	5,8 mg
Eisen:	6,2 mg
Selen:	**12,0 µg**
Silicium (Kieselsäure):	6,3 mg
Jod:	3,0 µg
Kupfer:	2,2 mg
Fett:	**44,0 g**
Eiweiß:	**18,0 g**
Ballaststoffe:	**3,0 g**
Omega-3-Fettsäuren:	**0,15 g**

8.5　　　Macadamianüsse　　(ungeröstet, ungesalzen)

Vitamine

Vitamin A (Beta-Carotin):	0 µg
Vitamin B1 (Thiamin):	0,71 mg
Vitamin B2 (Riboflavin):	0,05 mg
Vitamin B3 (Niacin):	2,5 mg
Vitamin B6 (Pyridoxin):	0,28 mg
Vitamin B5 (Pantothensäure):	0,7 mg
Vitamin B7 (Biotin):	6,0 µg
Vitamin B9 (Folat):	**11 µg**
Vitamin C:	1 mg
Vitamin E:	0,5 mg

Mineralstoffe & Spurenelemente

Kalzium:	**53 mg**
Kalium:	**370 mg**
Magnesium:	**130 mg**
Phosphor:	**200 mg**
Zink:	1,3 mg
Eisen:	3,7 mg
Selen:	3,0 µg
Silicium (Kieselsäure):	5,4 mg
Jod:	2,0 µg
Kupfer:	0,6 mg
Fett:	**75,0 g**
Eiweiß:	**8,0 g**
Ballaststoffe:	**8,6 g**
Omega-3-Fettsäuren:	**0,2 g**

8.6 Erdnüsse (ungeröstet, ungesalzen)

Vitamine

Vitamin A (Beta-Carotin):	0 µg
Vitamin B1 (Thiamin):	0,90 mg
Vitamin B2 (Riboflavin):	0,13
Vitamin B3 (Niacin):	13,8 mg
Vitamin B5 (Pantothensäure):	1,8 mg
Vitamin B6 (Pyridoxin):	0,50 mg
Vitamin B7 (Biotin):	**34,0 µg**
Vitamin B9 (Folat):	**240 µg**
Vitamin C:	0 mg
Vitamin E:	8,0 mg

Mineralstoffe & Spurenelemente

Kalzium:	**58 mg**
Kalium:	**660 mg**
Magnesium:	**180 mg**
Phosphor:	**350 mg**
Zink:	3,5 mg
Eisen:	3,0 mg
Selen:	8,0 µg
Silicium (Kieselsäure):	6,0 mg
Jod:	3,0 µg
Kupfer:	1,0 mg
Fett:	**48,0 g**
Eiweiß:	**26,0 g**
Ballaststoffe:	**11,0 g**
Omega-3-Fettsäuren:	**0,01 g**

8.7 Paranüsse (ungeröstet, ungesalzen)

Vitamine

Vitamin A (Beta-Carotin):	0 µg
Vitamin B1 (Thiamin):	0,62 mg
Vitamin B2 (Riboflavin):	0,03
Vitamin B3 (Niacin):	0,3 mg
Vitamin B5 (Pantothensäure):	0,2 mg
Vitamin B6 (Pyridoxin):	0,10 mg
Vitamin B7 (Biotin):	5,0 µg
Vitamin B9 (Folat):	**22 µg**
Vitamin C:	1 mg
Vitamin E:	5,7 mg

Mineralstoffe & Spurenelemente

Kalzium:	**160 mg**
Kalium:	**660 mg**
Magnesium:	**376 mg**
Phosphor:	**580 mg**
Zink:	4,1 mg
Eisen:	2,4 mg
Selen:	**1.917 µg**
Silicium (Kieselsäure):	6,2 mg
Jod:	3,0 µg
Kupfer:	1,7 mg
Fett:	**66,0 g**
Eiweiß:	**14,0 g**
Ballaststoffe:	**7,5 g**
Omega-3-Fettsäuren:	**0,03 g**

Paranüsse enthalten extrem viel Selen. Bereits 1–2 Nüsse pro Tag können den Tagesbedarf vollständig decken. Ein übermäßiger Verzehr kann auf Dauer zu Selenüberschuss führen. Empfehlung: Täglich maximal 1–2 Stück.

8.8 Pekanüsse (ungeröstet, ungesalzen)

Vitamine

Vitamin A (Beta-Carotin):	3 µg
Vitamin B1 (Thiamin):	0,66 mg
Vitamin B2 (Riboflavin):	0,13
Vitamin B3 (Niacin):	1,2 mg
Vitamin B5 (Pantothensäure):	0,7 mg
Vitamin B6: (Pyridoxin)	0,21 mg
Vitamin B7 (Biotin):	6,0 µg
Vitamin B9 (Folat):	**22 µg**
Vitamin C:	1 mg
Vitamin E:	1,4 mg

Mineralstoffe & Spurenelemente

Kalzium:	**70 mg**
Kalium:	**410 mg**
Magnesium:	**120 mg**
Phosphor:	**280 mg**
Zink:	4,5 mg
Eisen:	2,5 mg
Selen:	3,0 µg
Silicium (Kieselsäure):	7,0 mg
Jod:	2,0 µg
Kupfer:	1,2 mg
Fett:	**72,0 g**
Eiweiß:	**9,2 g**
Ballaststoffe:	**9,6 g**
Omega-3-Fettsäuren:	**0,9 g**

8.9 Pistazien (ungeröstet, ungesalzen)

Vitamine

Vitamin A (Beta-Carotin):	25 µg
Vitamin B1 (Thiamin):	0,87 mg
Vitamin B2 (Riboflavin):	0,21
Vitamin B3 (Niacin):	1,4 mg
Vitamin B5 (Pantothensäure):	1,4 mg
Vitamin B6 (Pyridoxin):	1,70 mg
Vitamin B7 (Biotin):	10,0 µg
Vitamin B9 (Folat):	**50 µg**
Vitamin C:	5 mg
Vitamin E:	2,9 mg

Mineralstoffe & Spurenelemente

Kalzium:	**105 mg**
Kalium:	**1.020 mg**
Magnesium:	**160 mg**
Phosphor:	**490 mg**
Zink:	2,2 mg
Eisen:	4,0 mg
Selen:	7,0 µg
Silicium (Kieselsäure):	5,8 mg
Jod:	3,0 µg
Kupfer:	1,3 mg
Fett:	**53,0 g**
Eiweiß:	**21,0 g**
Ballaststoffe:	**10,0 g**
Omega-3-Fettsäuren:	**0,25 g**

8.10 Pinienkerne (ungeröstet)

Vitamine

Vitamin A (Beta-Carotin):	1 µg
Vitamin B1 (Thiamin):	0,36 mg
Vitamin B2 (Riboflavin):	0,23
Vitamin B3 (Niacin):	4,4 mg
Vitamin B5 (Pantothensäure):	0,3 mg
Vitamin B6 (Pyridoxin):	0,09 mg
Vitamin B7 (Biotin):	**56,0 µg**
Vitamin B9 (Folat):	**34 µg**
Vitamin C:	1 mg
Vitamin E:	9,3 mg

Mineralstoffe & Spurenelemente

Kalzium:	**16 mg**
Kalium:	**780 mg**
Magnesium:	**235 mg**
Phosphor:	**575 mg**
Zink:	6,5 mg
Eisen:	5,5 mg
Selen:	0,7 µg
Silicium (Kieselsäure):	6,6 mg
Jod:	2,0 µg
Kupfer:	1,3 mg
Fett:	**68,0 g**
Eiweiß:	**14,0 g**
Ballaststoffe:	**5,0 g**
Omega-3-Fettsäuren:	**0,1 g**

8.11 Kokosnuss (frisch, roh)

Vitamine

Vitamin A (Beta-Carotin):	0 µg
Vitamin B1 (Thiamin):	0,6 mg
Vitamin B2 (Riboflavin):	0,02
Vitamin B3 (Niacin):	0,9 mg
Vitamin B5 (Pantothensäure):	0,6 mg
Vitamin B6 (Pyridoxin):	0,05 mg
Vitamin B7 (Biotin):	2,0 µg
Vitamin B9 (Folat):	**26 µg**
Vitamin C:	3 mg
Vitamin E:	0,2 mg

Mineralstoffe & Spurenelemente

Kalzium:	**14 mg**
Kalium:	**356 mg**
Magnesium:	**32 mg**
Phosphor:	**113 mg**
Zink:	1,1 mg
Eisen:	1,9 mg
Selen:	**10,0 µg**
Silicium (Kieselsäure):	3,1 mg
Jod:	1,0 µg
Kupfer:	0,4 mg
Fett:	**35,0 g**
Eiweiß:	**3,3 g**
Ballaststoffe:	**9,0 g**
Omega-3-Fettsäuren:	**0,01 g**

8.12 Maronen/ Esskastanien (gegart)

Vitamine

Vitamin A (Beta-Carotin):	1 µg
Vitamin B1 (Thiamin):	0,23 mg
Vitamin B2 (Riboflavin):	0,17 mg
Vitamin B3 (Niacin):	1,1 mg
Vitamin B5 (Pantothensäure):	0,4 mg
Vitamin B6:	0,35 mg
Vitamin B7 (Biotin):	2,0 µg
Vitamin B9 (Folat):	**62 µg**
Vitamin C:	**26 mg**
Vitamin E:	0,6 mg

Mineralstoffe & Spurenelemente

Kalzium:	**105 mg**
Kalium:	**1.020 mg**
Magnesium:	**160 mg**
Phosphor:	**490 mg**
Zink:	2,2 mg
Eisen:	4,0 mg
Selen:	0,7 µg
Silicium (Kieselsäure):	2,0 mg
Jod:	1,0 µg
Kupfer:	0,3 mg
Fett:	**2,2 g**
Eiweiß:	**1,6 g**
Ballaststoffe:	**5,1 g**
Omega-3-Fettsäuren:	**0,02 g**

8.13 Muskatnuss (gemahlen)

Vitamine

Vitamin A (Beta-Carotin):	5 µg
Vitamin B1 (Thiamin):	0,35 mg
Vitamin B2 (Riboflavin):	0,24
Vitamin B3 (Niacin):	1,3 mg
Vitamin B5 (Pantothensäure):	0,3 mg
Vitamin B6 (Pyridoxin):	0,16 mg
Vitamin B7 (Biotin):	4,0 µg
Vitamin B9 (Folat):	**76 µg**
Vitamin C:	3 mg
Vitamin E:	0,3 mg

Mineralstoffe & Spurenelemente

Kalzium:	**105 mg**
Kalium:	**1.020 mg**
Magnesium:	**160 mg**
Phosphor:	**490 mg**
Zink:	2,2 mg
Eisen:	4,0 mg
Selen:	3,0 µg
Silicium (Kieselsäure):	4,4 mg
Jod:	2,0 µg
Kupfer:	0,5 mg
Fett:	**36,0 g**
Eiweiß:	**6,0 g**
Ballaststoffe:	**20,8 g**
Omega-3-Fettsäuren:	**0,06 g**

Achtung: nur in sehr kleinen Mengen genießbar! Muskatnuss ist in kleinen Mengen ein Gewürz. Größere Mengen können toxisch wirken (z. B. Halluzinationen, Übelkeit, Schwindel). Empfohlene Menge ist maximal eine Messerspitze!

9 Samen

9.1 Leinsamen (ganz, ungeschrotet)

Vitamine

Vitamin A (Beta-Carotin):	0 µg
Vitamin B1 (Thiamin):	1,64 mg
Vitamin B2 (Riboflavin):	0,16 mg
Vitamin B3 (Niacin):	3,1 mg
Vitamin B5 (Pantothensäure):	0,6 mg
Vitamin B6 (Pyridoxin):	0,47 mg
Vitamin B7 (Biotin):	3,0 µg
Vitamin B9 (Folat):	**88 µg**
Vitamin C:	0 mg
Vitamin E:	0,3 mg

Mineralstoffe & Spurenelemente

Kalzium:	**255 mg**
Kalium:	**810 mg**
Magnesium:	**350 mg**
Phosphor:	**640 mg**
Zink:	4,0 mg
Eisen:	8,2 mg
Selen:	**25,0 µg**
Silicium (Kieselsäure):	8,0 mg
Jod:	2,0 µg
Kupfer:	1,2 mg
Fett:	**42,0 g**
Eiweiß:	**18,0 g**
Ballaststoffe:	**27,0 g**
Omega-3-Fettsäuren:	**22,8 g**

9.2 Chiasamen (trocken)

Vitamine

Vitamin A (Beta-Carotin):	0 µg
Vitamin B1 (Thiamin):	0,62 mg
Vitamin B2 (Riboflavin):	0,17 mg
Vitamin B3 (Niacin):	8,8 mg
Vitamin B5 (Pantothensäure):	0,6 mg
Vitamin B6 (Pyridoxin):	0,50 mg
Vitamin B7 (Biotin):	3,0 µg
Vitamin B9 (Folat):	**49 µg**
Vitamin C:	1 mg
Vitamin E:	0,5 mg

Mineralstoffe & Spurenelemente

Kalzium:	**631 mg**
Kalium:	**407 mg**
Magnesium:	**335 mg**
Phosphor:	**860 mg**
Zink:	4,6 mg
Eisen:	7,7 mg
Selen:	**55,0 µg**
Silicium (Kieselsäure):	7,5 mg
Jod:	3,0 µg
Kupfer:	0,9 mg
Fett:	**31,0 g**
Eiweiß:	**17,0 g**
Ballaststoffe:	**34 g**
Omega-3-Fettsäuren:	**18,5 g**

9.3 Kürbiskerne (ungeröstet, ungesalzen)

Vitamine

Vitamin A (Beta-Carotin):	1 µg
Vitamin B1 (Thiamin):	0,07 mg
Vitamin B2 (Riboflavin):	0,15 mg
Vitamin B3 (Niacin):	4,4 mg
Vitamin B5 (Pantothensäure):	0,7 mg
Vitamin B6 (Pyridoxin):	0,14 mg
Vitamin B7 (Biotin):	1,0 µg
Vitamin B9 (Folat):	**58 µg**
Vitamin C:	1 mg
Vitamin E:	0,6 mg

Mineralstoffe & Spurenelemente

Kalzium:	**55 mg**
Kalium:	**810 mg**
Magnesium:	**402 mg**
Phosphor:	**1.170 mg**
Zink:	7,8 mg
Eisen:	12,5 mg
Selen:	9,0 µg
Silicium (Kieselsäure):	6,8 mg
Jod:	2,0 µg
Kupfer:	1,3 mg
Fett:	**45,0 g**
Eiweiß:	**24,5 g**
Ballaststoffe:	**6,0 g**
Omega-3-Fettsäuren:	**0,2 g**

9.4 Sonnenblumenkerne (ungeröstet)

Vitamine

Vitamin A (Beta-Carotin):	0 µg
Vitamin B1 (Thiamin):	1,80 mg
Vitamin B2 (Riboflavin):	0,35 mg
Vitamin B3 (Niacin):	8,3 mg
Vitamin B5 (Pantothensäure):	7,1 mg
Vitamin B6 (Pyridoxin):	1,35 mg
Vitamin B7 (Biotin):	**66,0 µg**
Vitamin B9 (Folat):	**227 µg**
Vitamin C:	1 mg
Vitamin E:	38,2 mg

Mineralstoffe & Spurenelemente

Kalzium:	**100 mg**
Kalium:	**850 mg**
Magnesium:	**420 mg**
Phosphor:	**660 mg**
Zink:	5,0 mg
Eisen:	6,3 mg
Selen:	**53,0 µg**
Silicium (Kieselsäure):	6,2 mg
Jod:	2,0 µg
Kupfer:	1,8 mg
Fett:	**51,0 g**
Eiweiß:	**20,0 g**
Ballaststoffe:	**8,6 g**
Omega-3-Fettsäuren:	**0,2 g**

9.5 Sesam (ungeschält, ungeröstet)

Vitamine

Vitamin A (Beta-Carotin):	0 µg
Vitamin B1 (Thiamin):	0,79 mg
Vitamin B2 (Riboflavin):	0,25 mg
Vitamin B3 (Niacin):	4,5 mg
Vitamin B5 (Pantothensäure):	0,6 mg
Vitamin B6 (Pyridoxin):	0,97 mg
Vitamin B7 (Biotin):	**14,0 µg**
Vitamin B9 (Folat):	**97 µg**
Vitamin C:	0 mg
Vitamin E:	0,3 mg

Mineralstoffe & Spurenelemente

Kalzium:	**783 mg**
Kalium:	**468 mg**
Magnesium:	**347 mg**
Phosphor:	**629 mg**
Zink:	7,7 mg
Eisen:	10,0 mg
Selen:	**34,0 µg**
Silicium (Kieselsäure):	7,0 mg
Jod:	3,0 µg
Kupfer:	1,5 mg
Fett:	**50,0 g**
Eiweiß:	**18,0 g**
Ballaststoffe:	**11,0 g**
Omega-3-Fettsäuren:	**0,3 g**

9.6 Mohn (ungemahlen)

Vitamine

Vitamin A (Beta-Carotin):	0 µg
Vitamin B1 (Thiamin):	0,85 mg
Vitamin B2 (Riboflavin):	0,10 mg
Vitamin B3 (Niacin):	1,1 mg
Vitamin B5 (Pantothensäure):	0,9 mg
Vitamin B6 (Pyridoxin):	0,25 mg
Vitamin B7 (Biotin):	**10,0 µg**
Vitamin B9 (Folat):	**82 µg**
Vitamin C:	1 mg
Vitamin E:	1,8 mg

Mineralstoffe & Spurenelemente

Kalzium:	**1.438 mg**
Kalium:	**720 mg**
Magnesium:	**347 mg**
Phosphor:	**870 mg**
Zink:	7,9 mg
Eisen:	8,0 mg
Selen:	**13,0 µg**
Silicium (Kieselsäure):	6,1 mg
Jod:	3,0 µg
Kupfer:	1,6 mg
Fett:	**42,0 g**
Eiweiß:	**18,0 g**
Ballaststoffe:	**20,5 g**
Omega-3-Fettsäuren:	**0,1 g**

9.7 Hanfsamen (geschält)

Vitamine

Vitamin A (Beta-Carotin):	0 µg
Vitamin B1 (Thiamin):	1,27 mg
Vitamin B2 (Riboflavin):	0,30 mg
Vitamin B3 (Niacin):	2,8 mg
Vitamin B5 (Pantothensäure):	0,5 mg
Vitamin B6 (Pyridoxin):	0,50 mg
Vitamin B7 (Biotin)	3,0 µg
Vitamin B9 (Folat):	**110 µg**
Vitamin C:	1 mg
Vitamin E:	6,0 mg

Mineralstoffe & Spurenelemente

Kalzium:	**70 mg**
Kalium:	**1.200 mg**
Magnesium:	**700 mg**
Phosphor:	**1.650 mg**
Zink:	9,9 mg
Eisen:	9,6 mg
Selen:	7,0 µg
Silicium (Kieselsäure):	5,9 mg
Jod:	3,0 µg
Kupfer:	1,2 mg
Fett:	**49,0 g**
Eiweiß:	**32,0 g**
Ballaststoffe:	**6,0 g**
Omega-3-Fettsäuren:	**9,3 g**

9.8 Schwarzkümmel (ganz)

Vitamine

Vitamin A (Beta-Carotin):	2 µg
Vitamin B1 (Thiamin):	0,59 mg
Vitamin B2 (Riboflavin):	0,10 mg
Vitamin B3 (Niacin):	4,6 mg
Vitamin B5 (Pantothensäure):	0,8 mg
Vitamin B6 (Pyridoxin):	0,50 mg
Vitamin B7 (Biotin):	5,0 µg
Vitamin B9 (Folat):	**38 µg**
Vitamin C:	2 mg
Vitamin E:	1,0 mg

Mineralstoffe & Spurenelemente

Kalzium:	**931 mg**
Kalium:	**1.780 mg**
Magnesium:	**265 mg**
Phosphor:	**480 mg**
Zink:	5,5 mg
Eisen:	9,7 mg
Selen:	4,0 µg
Silicium (Kieselsäure):	6,0 mg
Jod:	2,0 µg
Kupfer:	1,0 mg
Fett:	**38,0 g**
Eiweiß:	**20,0 g**
Ballaststoffe:	**11,0 g**
Omega-3-Fettsäuren:	**0,3 g**

9.9 Amaranth (trockenes Korn)

Vitamine

Vitamin A (Beta-Carotin):	1 µg
Vitamin B1 (Thiamin):	0,10 mg
Vitamin B2 (Riboflavin):	0,20 mg
Vitamin B3 (Niacin):	1,5 mg
Vitamin B5 (Pantothensäure):	1,0 mg
Vitamin B6 (Pyridoxin):	0,59 mg
Vitamin B7 (Biotin):	0 µg
Vitamin B9 (Folat):	**82 µg**
Vitamin C:	4 mg
Vitamin E:	1,4 mg

Mineralstoffe & Spurenelemente

Kalzium:	**159 mg**
Kalium:	**484 mg**
Magnesium:	**308 mg**
Phosphor:	**557 mg**
Zink:	2,9 mg
Eisen:	7,6 mg
Selen:	0 µg
Silicium (Kieselsäure):	3,5 mg
Jod:	3,0 µg
Kupfer:	0,8 mg
Fett:	**7,0 g**
Eiweiß:	**14,0 g**
Ballaststoffe:	**6,7 g**
Omega-3-Fettsäuren:	**0,1 g**

9.10 Quinoa (trockenes Korn)

Vitamine

Vitamin A (Beta-Carotin):	14 µg
Vitamin B1 (Thiamin):	0,36 mg
Vitamin B2 (Riboflavin):	0,32 mg
Vitamin B3 (Niacin):	1,5 mg
Vitamin B5 (Pantothensäure):	0,6 mg
Vitamin B6 (Pyridoxin):	0,50 mg
Vitamin B7 (Biotin):	0 µg
Vitamin B9 (Folat):	**184 µg**
Vitamin C:	1 mg
Vitamin E:	2,4 mg

Mineralstoffe & Spurenelemente

Kalzium:	**47 mg**
Kalium:	**740 mg**
Magnesium:	**275 mg**
Phosphor:	**457 mg**
Zink:	3,1 mg
Eisen:	8,0 mg
Selen:	0 µg
Silicium (Kieselsäure):	4,2 mg
Jod:	2,0 µg
Kupfer:	0,6 mg
Fett:	**6,1 g**
Eiweiß:	**14,1 g**
Ballaststoffe:	**7,0 g**
Omega-3-Fettsäuren:	**0,1 g**

10 Diverses

10.1 Hühnerei (Vollei, roh)

Vitamine

Vitamin A (Beta-Carotin):	**140,0 µg**
Vitamin B1 (Thiamin):	0,07 mg
Vitamin B2 (Riboflavin):	0,25 mg
Vitamin B3 (Niacin):	0,1 mg
Vitamin B5 (Pantothensäure):	1,4 mg
Vitamin B6 (Pyridoxin):	0,1 mg
Vitamin B7 (Biotin):	**25,0 µg**
Vitamin B9 (Folat):	**47,0 µg**
Vitamin C:	0 mg
Vitamin E:	1,2 mg

Mineralstoffe & Spurenelemente

Kalzium:	**55 mg**
Kalium:	**140 mg**
Magnesium:	**12 mg**
Phosphor:	**198 mg**
Zink:	1,3 mg
Eisen:	2,0 mg
Selen:	**10,0 µg**
Silicium (Kieselsäure):	0,2 mg
Jod:	**20,0 µg**
Kupfer:	0,07 mg
Fett:	**10,0 g**
Eiweiß:	**13,0 g**
Ballaststoffe:	0,0 g
Omega-3-Fettsäuren:	**0,1 g**

10.2 Weizenmehl (Typ 405)

Vitamine

Vitamin A (Beta-Carotin):	0 µg
Vitamin B1 (Thiamin):	0,06 mg
Vitamin B2 (Riboflavin):	0,03 mg
Vitamin B3 (Niacin):	0,9 mg
Vitamin B5 (Pantothensäure):	0,4 mg
Vitamin B6 (Pyridoxin):	0,06 mg
Vitamin B7 (Biotin):	1,5 µg
Vitamin B9 (Folat):	**16,0 µg**
Vitamin C:	0 mg
Vitamin E:	0,1 mg

Mineralstoffe & Spurenelemente

Kalzium:	**15 mg**
Kalium:	**107 mg**
Magnesium:	**12 mg**
Phosphor:	**101 mg**
Zink:	0,7 mg
Eisen:	1,0 mg
Selen:	2,0 µg
Silicium (Kieselsäure):	1,0 mg
Jod:	2,0 µg
Kupfer:	0,1 mg
Fett:	**0,7 g**
Eiweiß:	**10,2 g**
Ballaststoffe:	**3,0 g**
Omega-3-Fettsäuren:	**0,2 g**

10.3 Schwarzer Pfeffer (gemahlen)

Vitamine

Vitamin A (Beta-Carotin):	27,0 µg
Vitamin B1 (Thiamin):	0,24 mg
Vitamin B2 (Riboflavin):	0,18 mg
Vitamin B3 (Niacin):	1,1 mg
Vitamin B5 (Pantothensäure):	0,3 mg
Vitamin B6 (Pyridoxin):	0,1 mg
Vitamin B7 (Biotin):	4,0 µg
Vitamin B9 (Folat):	**17,0 µg**
Vitamin C:	0 mg
Vitamin E:	1,0 mg

Mineralstoffe & Spurenelemente

Kalzium:	**437 mg**
Kalium:	**1.329 mg**
Magnesium:	**171 mg**
Phosphor:	**173 mg**
Zink:	1,4 mg
Eisen:	9,7 mg
Selen:	4,0 µg
Silicium (Kieselsäure):	2,4 mg
Jod:	3,0 µg
Kupfer:	1,3 mg
Fett:	**3,3 g**
Eiweiß:	**10,4 g**
Ballaststoffe:	**25,0 g**
Omega-3-Fettsäuren:	**0,15 g**

10.4 Speisesalz (Jodsalz)

Vitamine

Vitamin A (Beta-Carotin):	0 µg
Vitamin B1 (Thiamin):	0 mg
Vitamin B2 (Riboflavin):	0 mg
Vitamin B3 (Niacin):	0 mg
Vitamin B5 (Pantothensäure):	0 mg
Vitamin B6 (Pyridoxin):	0 mg
Vitamin B7 (Biotin):	0 µg
Vitamin B9 (Folat):	0 µg
Vitamin C:	0 mg
Vitamin E:	0 mg

Mineralstoffe & Spurenelemente

Kalzium:	**24 mg**
Kalium:	8 mg
Magnesium:	1 mg
Phosphor:	0 mg
Zink:	0 mg
Eisen:	0,3 mg
Selen:	0 µg
Silicium (Kieselsäure):	0,0 mg
Jod:	**2.000 µg**
Kupfer:	0,0 mg
Fett:	0,0 g
Eiweiß:	0,0 g
Ballaststoffe:	0,0 g
Omega-3-Fettsäuren:	0,0 g

10.5 Roggenmehl (Typ 997)

Vitamine

Vitamin A (Beta-Carotin):	0 µg
Vitamin B1 (Thiamin):	0,35 mg
Vitamin B2 (Riboflavin):	0,12 mg
Vitamin B3 (Niacin):	4,0 mg
Vitamin B5 (Pantothensäure):	1,0 mg
Vitamin B6 (Pyridoxin):	0,4 mg
Vitamin B7 (Biotin):	**10 µg**
Vitamin B9 (Folat):	**35 µg**
Vitamin C:	0 mg
Vitamin E:	1,6 mg

Mineralstoffe & Spurenelemente

Kalzium:	**24 mg**
Kalium:	**340 mg**
Magnesium:	**90 mg**
Phosphor:	**300 mg**
Zink:	2,5 mg
Eisen:	2,5 mg
Selen:	2,0 µg
Silicium (Kieselsäure):	1,8 mg
Jod:	2,0 µg
Kupfer:	0,2 mg
Fett:	**1,2 g**
Eiweiß:	**8,5 g**
Ballaststoffe:	**7,5 g**
Omega-3-Fettsäuren:	**0,03 g**

10.6 Dinkelmehl (Typ 630)

Vitamine

Vitamin A (Beta-Carotin):	0 µg
Vitamin B1 (Thiamin):	0,20 mg
Vitamin B2 (Riboflavin):	0,04 mg
Vitamin B3 (Niacin):	3,5 mg
Vitamin B5 (Pantothensäure):	0,9 mg
Vitamin B6 (Pyridoxin):	0,2 mg
Vitamin B7 (Biotin):	8 µg
Vitamin B9 (Folat):	**30 µg**
Vitamin C:	0mg
Vitamin E:	0,6 mg

Mineralstoffe & Spurenelemente

Kalzium:	**15 mg**
Kalium:	**250 mg**
Magnesium:	**60 mg**
Phosphor:	**250 mg**
Zink:	1,5 mg
Eisen:	2,0 mg
Selen:	3,0 µg
Silicium (Kieselsäure):	1,5 mg
Jod:	2,0 µg
Kupfer:	0,2 g
Fett:	**1,0 g**
Eiweiß:	**11,5 g**
Ballaststoffe:	**4,0 g**
Omega-3-Fettsäuren:	**0,04 g**

10.7 Sauerteig (aus Roggenmehl)

Vitamine

Vitamin A (Beta-Carotin):	0 µg
Vitamin B1 (Thiamin):	0,30 mg
Vitamin B2 (Riboflavin):	0,10 mg
Vitamin B3 (Niacin):	3,0 mg
Vitamin B5 (Pantothensäure):	0,8 mg
Vitamin B6 (Pyridoxin):	0,3 mg
Vitamin B7 (Biotin):	9,0 µg
Vitamin B9 (Folat):	**30 µg**
Vitamin C:	0mg
Vitamin E:	1,2 mg

Mineralstoffe & Spurenelemente

Kalzium:	**20 mg**
Kalium:	**300 mg**
Magnesium:	**80 mg**
Phosphor:	**280 mg**
Zink:	2,0 mg
Eisen:	2,0 mg
Selen:	2 µg
Silicium (Kieselsäure):	1,0 mg
Jod:	2,0 µg
Kupfer:	0,1 mg
Fett:	**0,2 g**
Eiweiß:	**2,0 g**
Ballaststoffe:	**1,5 g**
Omega-3-Fettsäuren:	**0,01 g**

10.8 Hafermehl

Vitamine

Vitamin A (Beta-Carotin):	0 µg
Vitamin B1 (Thiamin):	0,60 mg
Vitamin B2 (Riboflavin):	0,14 mg
Vitamin B3 (Niacin):	1,1 mg
Vitamin B5 (Pantothensäure):	1,0 mg
Vitamin B6 (Pyridoxin):	0,1 mg
Vitamin B7 (Biotin):	**20 µg**
Vitamin B9 (Folat):	**56 µg**
Vitamin C:	0 mg
Vitamin E:	1,4 mg

Mineralstoffe & Spurenelemente

Kalzium:	**54 mg**
Kalium:	**355 mg**
Magnesium:	**130 mg**
Phosphor:	**430 mg**
Zink:	3,1 mg
Eisen:	4,3 mg
Selen:	5,0 µg
Silicium (Kieselsäure):	2,2 mg
Jod:	2,0 µg
Kupfer:	0,4 mg
Fett:	**6,7 g**
Eiweiß:	**13,0 g**
Ballaststoffe:	**8,5 g**
Omega-3-Fettsäuren:	**0,05 g**

10.9 Reismehl

Vitamine

Vitamin A (Beta-Carotin):	0 µg
Vitamin B1 (Thiamin):	0,07 mg
Vitamin B2 (Riboflavin):	0,02 mg
Vitamin B3 (Niacin):	1,2 mg
Vitamin B5 (Pantothensäure):	0,6 mg
Vitamin B6 (Pyridoxin):	0,1 mg
Vitamin B7 (Biotin):	3,0 µg
Vitamin B9 (Folat):	4,0 µg
Vitamin C:	0 mg
Vitamin E:	0,2 mg

Mineralstoffe & Spurenelemente

Kalzium:	**10 mg**
Kalium:	**76 mg**
Magnesium:	**35 mg**
Phosphor:	**98 mg**
Zink:	0,8 mg
Eisen:	0,4 mg
Selen:	0,7 µg
Silicium (Kieselsäure):	0,9 mg
Jod:	1,0 µg
Kupfer:	0,1 mg
Fett:	**1,0 g**
Eiweiß:	**7,0 g**
Ballaststoffe:	**2,4 g**
Omega-3-Fettsäuren:	**0,02 g**

10.10 Reis (weiß, gekocht)

Vitamine

Vitamin A (Beta-Carotin):	0 µg
Vitamin B1 (Thiamin):	0,07 mg
Vitamin B2 (Riboflavin):	0,01 mg
Vitamin B3 (Niacin):	4,0 mg
Vitamin B5 (Pantothensäure):	0,4 mg
Vitamin B6 (Pyridoxin):	0,1 mg
Vitamin B7 (Biotin):	1 µg
Vitamin B9 (Folat):	2 µg
Vitamin C:	0 mg
Vitamin E:	0,1 mg

Mineralstoffe & Spurenelemente

Kalzium:	3 mg
Kalium:	**29 mg**
Magnesium:	**12 mg**
Phosphor:	**43 mg**
Zink:	0,4 mg
Eisen:	0,2 mg
Selen:	0,5 µg
Silicium (Kieselsäure):	0,2 mg
Jod:	1,0 µg
Kupfer:	0,03 mg
Fett:	**0,4 g**
Eiweiß:	**2,4 g**
Ballaststoffe:	**0,4 g**
Omega-3-Fettsäuren:	**0,01 g**

10.11 Vollkornnudeln

Vitamine

Vitamin A (Beta-Carotin):	5 µg
Vitamin B1 (Thiamin):	0,1 mg
Vitamin B2 (Riboflavin):	0,05 mg
Vitamin B3 (Niacin):	0,8 mg
Vitamin B5 (Pantothensäure):	0,3 mg
Vitamin B6 (Pyridoxin):	0,1 mg
Vitamin B7 (Biotin):	2,0 µg
Vitamin B9 (Folat):	**12,0 µg**
Vitamin C:	0 mg
Vitamin E:	0,5 mg

Mineralstoffe & Spurenelemente

Kalzium:	**15 mg**
Kalium:	**90 mg**
Magnesium:	**30 mg**
Phosphor:	**100 mg**
Zink:	0,8 mg
Eisen:	0,6 mg
Selen:	2,0 µg
Silicium (Kieselsäure):	2,0 mg
Jod:	2,0 µg
Kupfer:	0,6 mg
Fett:	**2,0 g**
Eiweiß:	**13,0 g**
Ballaststoffe:	**6,5 g**
Omega-3-Fettsäuren:	**0,04 g**

10.12 Dinkelnudeln

Vitamine

Vitamin A (Beta-Carotin):	0 µg
Vitamin B1 (Thiamin):	0,08 mg
Vitamin B2 (Riboflavin):	0,04 mg
Vitamin B3 (Niacin):	0,7 mg
Vitamin B5 (Pantothensäure):	0,2 mg
Vitamin B6 (Pyridoxin):	0,05 mg
Vitamin B7 (Biotin):	1,5 µg
Vitamin B9 (Folat):	**10,0 µg**
Vitamin C:	0 mg
Vitamin E:	0,3 mg

Mineralstoffe & Spurenelemente

Kalzium:	**12 mg**
Kalium:	**80 mg**
Magnesium:	**25 mg**
Phosphor:	**90 mg**
Zink:	0,7 mg
Eisen:	0,5 mg
Selen:	1,5 µg
Silicium (Kieselsäure):	1,8 mg
Jod:	2,0 µg
Kupfer:	0,4 mg
Fett:	**2,2 g**
Eiweiß:	**14,0 g**
Ballaststoffe:	**5,2 g**
Omega-3-Fettsäuren:	**0,04 g**

10.13 Raffinadezucker

Vitamine

Vitamin A (Beta-Carotin):	0 µg
Vitamin B1 (Thiamin):	0 mg
Vitamin B2 (Riboflavin):	0 mg
Vitamin B3 (Niacin):	0 mg
Vitamin B5 (Pantothensäure):	0 mg
Vitamin B6 (Pyridoxin):	0 mg
Vitamin B7 (Biotin):	0 µg
Vitamin B9 (Folat):	0 µg
Vitamin C:	0 mg
Vitamin E:	0 mg

Mineralstoffe & Spurenelemente

Kalzium:	1,0 mg
Kalium:	2,0 mg
Magnesium:	0 mg
Phosphor:	0 mg
Zink:	0 mg
Eisen:	0,1 mg
Selen:	0 µg
Silicium (Kieselsäure):	0 mg
Jod:	0 µg
Kupfer:	0 mg
Fett:	0 g
Eiweiß:	0 g
Ballaststoffe:	0 g
Omega-3-Fettsäuren:	0 g

Rohrohrzucker enthält minimale Mengen an Mineralstoffen wie Kalzium, Kalium und Eisen, die jedoch ernährungsphysiologisch kaum ins Gewicht fallen.

10.14 Rohrzucker

Vitamine

Vitamin A (Beta-Carotin):	0 µg
Vitamin B1 (Thiamin):	0 mg
Vitamin B2 (Riboflavin):	0 mg
Vitamin B3 (Niacin):	0 mg
Vitamin B5 (Pantothensäure):	0 mg
Vitamin B6 (Pyridoxin):	0 mg
Vitamin B7 (Biotin):	0 µg
Vitamin B9 (Folat):	0 µg
Vitamin C:	0 mg
Vitamin E:	0 mg

Mineralstoffe & Spurenelemente

Kalzium:	1,0 mg
Kalium:	2,0 mg
Magnesium:	0 mg
Phosphor:	0 mg
Zink:	0 mg
Eisen:	0,1 mg
Selen:	0 µg
Silicium (Kieselsäure):	0,1 mg
Jod:	0 µg
Kupfer:	0 mg
Fett:	0 g
Eiweiß:	0 g
Ballaststoffe:	0 g
Omega-3-Fettsäuren:	0 g

10.15 Rohrohrzucker

Vitamine

Vitamin A (Beta-Carotin):	0 µg
Vitamin B1 (Thiamin):	0 mg
Vitamin B2 (Riboflavin):	0 mg
Vitamin B3 (Niacin):	0 mg
Vitamin B5 (Pantothensäure):	0 mg
Vitamin B6 (Pyridoxin):	0 mg
Vitamin B7 (Biotin):	0 µg
Vitamin B9 (Folat):	0 µg
Vitamin C:	0 mg
Vitamin E:	0 mg

Mineralstoffe & Spurenelemente

Kalzium:	1,0 mg
Kalium:	2,0 mg
Magnesium:	0 mg
Phosphor:	0 mg
Zink:	0 mg
Eisen:	0,1 mg
Selen:	0 µg
Silicium (Kieselsäure):	0,2 mg
Jod:	0 µg
Kupfer:	0 mg
Fett:	0 g
Eiweiß:	0 g
Ballaststoffe:	**0,1 g**
Omega-3-Fettsäuren:	**0,1 g**

Beide Zuckerarten liefern ausschließlich Energie in Form von Kohlenhydraten (Zucker) und tragen nicht zur Versorgung mit essenziellen Nährstoffen bei.

10.16 Rübenzucker

Vitamine

Vitamin A (Beta-Carotin):	0 µg
Vitamin B1 (Thiamin):	0 mg
Vitamin B2 (Riboflavin):	0 mg
Vitamin B3 (Niacin):	0 mg
Vitamin B5 (Pantothensäure):	0 mg
Vitamin B6 (Pyridoxin):	0 mg
Vitamin B7 (Biotin):	0 µg
Vitamin B9 (Folat):	0 µg
Vitamin C:	0 mg
Vitamin E:	0 mg

Mineralstoffe & Spurenelemente

Kalzium:	1,0 mg
Kalium:	2,0 mg
Magnesium:	0 mg
Phosphor:	0 mg
Zink:	0 mg
Eisen:	0,1 mg
Selen:	0 µg
Silicium (Kieselsäure):	0,1 mg
Jod:	0 µg
Kupfer:	0 mg
Fett:	0 g
Eiweiß:	0 g
Ballaststoffe:	**0,1 g**
Omega-3-Fettsäuren:	0 g

Rübenzucker ist nahezu frei von Mineralstoffen und Vitaminen.